AF455034

# APPEL

## D'INTÉRÊT PUBLIC

AU GOUVERNEMENT

## CONTRE LE MINISTÈRE.

*Tout exemplaire qui ne porterait pas la signature de l'Auteur, serait considéré comme une contrefaçon.*

*Erratum essentiel.*

*Pag.* 192, *lig.* 18, au lieu de 4 pour cent, *lisez* 40 pour cent.

# APPEL

## D'INTÉRÊT PUBLIC

AU GOUVERNEMENT

## CONTRE LE MINISTÈRE.

PAR M. SARRAN.

« Le Roi fait et défait les ministres ; la
« Chambre des députés les accuse ; la
« Chambre des pairs les juge. »
(CHAP. II, page 15.)

PARIS,

J. G. DENTU, IMPRIMEUR-LIBRAIRE,

RUE DES PETITS-AUGUSTINS, N° 5.

1824.

# AVERTISSEMENT.

J'ÉCRIS en 1824, après l'ordonnance de dissolution du 24 décembre 1823, et les élections générales qui l'ont suivie, comme M. de Chateaubriand écrivait en 1817, après l'ordonnance du 5 septembre 1816, et les élections générales de ce temps-là. Ce point de ressemblance est loin d'être le seul qui existe entre les deux positions ; il en est un surtout assez remarquable, et qu'on me permettra de signaler ici.

L'illustre écrivain se crut obligé de faire précéder son ouvrage (1) d'un

(1) *Proposition faite à la Chambre des pairs*, par M. le vicomte de Chateaubriand, dans la séance du 23 novembre 1816. Paris, J. G. DENTU, 1817.

*Avertissement* (1) dans lequel il se plaint des difficultés qui en ont entravé l'impression.

Un imprimeur lui avait représenté qu'étant père de famille, il craignait de se compromettre en continuant cette impression. M. de Chateaubriand respecta ses motifs ; il ne voulut point exposer à des persécutions un homme estimable.

Le noble pair ne voulut pas non plus exposer son imprimeur ordinaire aux nouvelles chances de sa fortune.

Il chercha, et il trouva enfin un imprimeur *assez hardi* (ces mots sont en italiques dans M. de Chateaubriand) pour imprimer la proposition d'un pair de France.

Voilà ce qui est arrivé à M. de Chateaubriand en 1817 ; voici ce qui m'est arrivé en 1824 :

---

(1) Voir l'*Avertissement* qui précède l'ouvrage de M. de Chateaubriand.

Je me présente, mon cahier à la main, chez un imprimeur recommandable pour avoir montré un grand caractère dans des circonstances fort délicates, et qui, au surplus, dans l'état que l'injustice d'hommes plus puissans que lui l'a contraint d'embrasser, ne demanderait pas mieux que de faire une impression au comptant. Il est d'ailleurs parfaitement assuré que l'ouvrage ne contient aucune proposition condamnable ; il juge même que la publication qu'on en fera peut produire quelque bien, en éclairant l'opinion avec bonne foi ; que cet *Appel au gouvernement* est conforme à l'exigence des lois et aux besoins de la politique ; qu'il proclame les principes les plus purs de notre gouvernement, et dit la vérité sur les choses et sur les hommes ; mais les choses dont parle cet *Appel* appartiennent à l'administration ; les hommes, sont ministres : on est père de famille, on craint de se compromettre ; on est désolé, mais *on ne peut pas* imprimer.

Après avoir consolé ce brave royaliste, je me hâtai d'aller frapper à une autre porte ; mais à peine mon nouveau typographe, fort honnête homme d'ailleurs, eut-il jeté les yeux sur le titre, qu'il n'en voulut pas savoir davantage ; et là-dessus vinrent des excuses sans fin puisées dans la triste condition des imprimeurs, excuses d'autant plus admissibles pour moi, que sur-le-champ je pus lui en montrer le détail anticipé dans un des chapitres de l'ouvrage, où le lecteur verra ce que c'est que la liberté de la presse en 1824.

Après ce double mécompte, je ne me décourageai point ; je fis comme M. de Chateaubriand, je cherchai ; et aussi heureux que le noble pair, je trouvai enfin un imprimeur *assez hardi* pour imprimer un ouvrage où respirent l'amour du Roi et le dévoûment le plus loyal aux institutions qu'il nous a données. Par une circonstance non moins singulière que tout le reste, l'imprimeur que M. de Chateaubriand trouva en 1817, est le même que j'ai trouvé en 1824; je remercie le noble pair de l'indication.

La position de M. de Chateaubriand en 1817 et la mienne en 1824 sont, comme on voit, absolument une seule et même chose. On se croirait vraiment transporté à ce temps de bas despotisme ministériel contre lequel l'auteur de *la Monarchie selon la Charte* a tonné avec une si éloquente indignation.

A la vérité je n'ai pas l'honneur d'être pair de France, mais j'ai l'honneur d'être Français; et pour n'avoir pas le droit de parler à la tribune, la liberté d'écrire ne m'en est que plus précieuse.

Je crois, à l'exemple de M. de Chateaubriand, et en rapportant autant que possible ses propres paroles, ainsi que j'ai déjà pris la liberté de le faire dans le cours de cet Avertissement, je crois, dis-je, devoir rappeler l'état actuel de notre législation.

L'article 8 de la Charte déclare : « Que *tous les Français* ont le droit « de publier et de *faire imprimer* « leurs opinions, en se conformant « aux lois qui doivent réprimer les « abus de cette liberté. »

Les lois répressives de la liberté de la presse existent.

Si, malgré la Charte et les lois, un Français dont la constance dans les plus honorables principes ne saurait être révoquée en doute, a eu bien de la peine à publier un écrit où se trouvent reproduits les mêmes doctrines et le même courage qui lui ont valu quelque estime, même de la part de ceux qu'il a combattus ; si, lorsque la Charte déclare que tout Français a le droit de faire imprimer ses opinions, la peur de l'arbitraire arrête l'imprimeur que l'écrivain charge de l'impression de son ouvrage ; si, de cette sorte, l'écrit le plus irréprochable peut être étouffé avant d'avoir vu le jour, parce qu'il renfermera quelques vérités sur les ministres, et qu'il examinera avec énergie et loyauté les actes de l'administration, y a-t-il liberté de la presse? ou plutôt cette liberté de la presse, proclamée et non existante, n'est-elle pas une amère dérision?......

Ce sujet intéressant est traité dans cet ouvrage. Les deux Chambres viennent de se réunir : je livre le fait que je viens de raconter, et d'autres faits plus importans, aux méditations de leur sagesse.

# APPEL

## D'INTÉRÊT PUBLIC

### AU GOUVERNEMENT

## CONTRE LE MINISTÈRE.

---

## CHAPITRE PREMIER.

### Exposé préliminaire.

On a gardé le silence sur le système dangereux suivi par le ministère, tant que l'on a pu désespérer de convaincre de cette vérité des hommes trop prévenus en faveur des personnes pour pouvoir juger convenablement les choses.

Mais aujourd'hui que le ministère semble avoir voulu dissiper l'illusion d'honorables souvenirs, qui a trop long-temps servi de sauvegarde à des actes peu satisfaisans; aujourd'hui que, par une conduite soutenue et toujours croissante dans le sens des intérêts les plus opposés au véritable esprit de la monarchie et de nos institutions, il ne laisse à ses plus bienveillans amis aucun moyen plausible de le justifier ; aujourd'hui que, par un abandon coupable des doctrines, et par ses étranges procédés à l'égard des hommes qui ont servi de base à son élévation, il croit pouvoir marcher tête levée dans la route de l'infidélité, et semble avoir lancé contre ses anciens principes et ses anciens amis une sorte de sentence irrévocable d'excommunication, il nous est permis, avec quelque espoir de succès, de faire entendre une voix qui, en d'autres temps, fut fatale à un homme que les plus notables des ministres actuels attaquaient alors avec nous, et dont toutefois nous les voyons continuer à leur profit le système politique : système absurde et félon, par lequel un ministère veut établir son despotisme sur la division calculée des partis, au détriment de la royauté, dont son premier devoir est de faire respecter les droits, et des libertés publiques, constitutionnellement placées sous la sauvegarde de sa propre responsabilité.

Quoique dès les premiers pas que les ministres ont faits dans la carrière des honneurs et de la puissance, nous ayons été malheureusement trop convaincus d'une défection dont la mollesse de leur conduite, depuis la fin de 1819, nous avait déjà donné le douloureux pressentiment, nous espérions encore que, de moment à autre, ils pourraient se résoudre à reculer devant les conséquences funestes à la monarchie et fâcheuses pour leur propre réputation, que leur singulière façon de procéder devait nécessairement produire.

Nous nous disions : Ils sont entrés au pouvoir par la voie tortueuse des concessions, à la queue d'un ministère et d'un système d'administration, antérieurement réprouvés par leurs amis et par eux-mêmes, lorsqu'ils pouvaient y arriver de haute lutte, à la tête des hommes honorables qui les avaient si bien secondés au moment de la crise, et armés des saines doctrines généreusement défendues en commun; ils se sont introduits par la fausse porte, lorsque la grande leur était ouverte; mais enfin ils sont entrés, ils sont maîtres de la place, et ils auront assez de cœur, et probablement assez d'esprit, pour en confier exclusivement la garde aux troupes fidèles; pour arborer le drapeau des vainqueurs et l'entourer de ce qui peut le garantir de toute insulte.

Vaine espérance! supposition généreuse qu'on ne pourrait plus feindre de conserver sans se rendre complice des torts graves qui frappent tous les regards et ne laissent plus aucun prétexte honorable à la bienveillance qui essaierait de les pallier, aucune excuse à la faiblesse qui voudrait encore les méconnaître!

Pour nous, qui avons combattu à côté des hommes qu'un pénible devoir nous force d'attaquer aujourd'hui, sans doute nous éprouvons les sentimens les plus douloureux dans la nécessité qui nous condamne à renoncer à cette admiration qui entraînait tous les hommes royalistes vers ce qui leur apparaissait comme les plus nobles caractères, et qu'ils aimaient à considérer comme des génies supérieurs, surtout dans cette obligation qui nous est imposée de rompre la vieille affection qui murmure encore dans nos cœurs pour d'anciens compagnons d'armes.

S'il ne s'agissait que de quelques récriminations personnelles, de quelques perfidies qui ne pussent blesser que nous, certainement nous nous bornerions à gémir en silence d'une déloyauté, dont la conscience des coupables nous ferait ample justice.

Mais ici il s'agit de l'intérêt général, du sort de notre chère patrie, à laquelle nous avons voué notre existence, des destinées du monde civilisé, que les fautes ministérielles menacent de nouveaux bouleversemens : nous taire serait un crime; dire la vérité, toute la vérité, aux dépens même de nos intérêts les plus chers, est un rigoureux devoir, dont aucune considération ne saurait nous affranchir.

Nous irons plus loin : parmi ces hommes dont nous allons dévoiler les actions politiques et signaler les tristes projets, il n'en est point pour qui nous ressentions de sentiment personnel de haine, et nous pourrions en nommer pour qui nous avons conservé une affection, dont peut-être la touchante réciprocité est dès long-temps effacée; mais cette constante amitié qui nous attache à l'individu, ne saurait aller jusqu'à servir de sauvegarde à l'homme d'Etat qui aurait mal agi : *amicus Plato, sed magis amica veritas.*

Nous marcherons en conséquence avec fermeté vers le but d'utilité publique qui nous est offert, nous occupant exclusivement de l'intérêt commun, sans avoir égard aux intérêts personnels. Défenseurs des droits légitimes, adversaires incorruptibles de l'usurpation et de l'arbitraire, nous adresserons avec confiance au gouvernement les plaintes trop long-temps retenues de l'opinion la plus dévouée aux intérêts inséparables de la monarchie et de la liberté.

Nous ne dissimulerons pas que, dans l'attaque que nous dirigeons contre un ministère coupable pour le bien qu'il aurait pu faire, non moins que répréhensible pour le mal qu'il a fait, nous nous proposons de mettre en usage les moyens les plus rigoureux que la Charte et les lois tiennent à notre disposition, pour remplir dignement la tâche que nous nous sommes imposée. Ce serait méconnaître étrangement l'esprit de notre importante mission, que d'agir avec des palliatifs, que de nous prêter à des demi-mesures, trop faibles pour balancer la force du mal et pour en arrêter les progrès.

Il y a un motif de plus à cette détermination. Si nous nous bornions à développer quelques observations générales sur notre situation politique, nous aurions l'inévitable inconvénient, en dissimulant une partie de la vérité, en ne déduisant pas toutes les conséquences, enfin en laissant notre œuvre incomplète, de faire suspecter des intentions qui ne seraient pas suffisamment expliquées, et dès-lors de rendre nos efforts infructueux ou peu utiles à la chose publique, et accompagnés pour nous d'embarras et de chances fâcheuses.

En tranchant au contraire dans le vif, en allant sans détour dans le fond des choses, en nous armant avec loyauté des formes sévères que la loi prescrit et auxquelles la nécessité oblige, en mettant constitutionnellement à découvert les faux systèmes qui affligent la France, et les hommes qu'il devient urgent d'éloigner de la direction des affaires publiques, nous sommes assurés de fixer l'incertitude, de relever la faiblesse, d'imposer silence à la mauvaise foi, et d'arriver ainsi, par la voie la plus noble et la plus sûre, au but glorieux que nous voulons atteindre.

En déroulant le vaste tableau des fautes ministérielles, nous ne prétendons pas suivre dans tous leurs détails et discuter dans toutes leurs parties les questions offertes à nos austères investigations. Nous dirons assez de chaque chose pour convaincre les accusateurs et les juges compétens des ministres, de la nécessité de l'approfondir avec la plus sérieuse attention; nous ne nous appesantirons sur rien inutilement; nous toucherons à tout ce qui semblera devoir offrir quelque résultat utile : ce sont des matériaux d'un acte d'accusation que nous soumettons loyalement aux accusateurs et aux juges constitutionnels, et dont fera son profit cette opinion reine du monde, qui juge en dernier ressort les accusateurs et les juges; c'est enfin un appel public fait au gouvernement contre un ministère que nous montrerons coupable d'avoir méconnu ses devoirs les plus essentiels, et contre lequel, à la faveur du droit naturel de pétition et de ce qui nous reste encore du droit constitutionnel de la liberté de la presse, nous venons invoquer les rigueurs d'une responsabilité dont on semble avoir condamné le principe, et vouloir détourner les salutaires conséquences.

C'est ici qu'il est indispensable d'établir quels sont les principes généraux sur la responsabilité ministérielle, avant de faire sentir l'importance de son existence réelle dans les formes de gouvernement déterminées par la Charte de 1814, et relativement à l'essence même de la monarchie française.

## CHAPITRE II.

### Du Roi, du gouvernement et de l'administration publique.

Les ministres responsables de droit, inviolables de fait, ont jusqu'ici étrangement confondu les plus hautes et les plus importantes positions sociales.

Tantôt se glissant derrière la personne sacrée du Roi et s'en faisant un rempart contre des attaques imprudemment provoquées, tantôt se disant le gouvernement et se revêtant ainsi de son inviolabilité, ils sont parvenus, en faisant illusion sur la nature qui leur est propre, à échapper aux conséquences de leur position d'agens responsables, arrivant par une sorte de sacrilége politique à l'usurpation et à l'impunité.

Afin de redresser des erreurs, sources fécondes des plus funestes désordres, il importe de recourir à une franche exposition des principes sur les points les plus élevés de notre ordre politique.

Le mouvement social en France se compose de trois actions distinctes :

*Régner,*

*Gouverner,*

*Administrer.*

On règne en vertu de son droit ; on gouverne par les lois ; on administre par des actes personnels.

Régner est le propre du Roi, autorité sacrée qui ne relève que de Dieu, et d'où découle toute l'action sociale ; pouvoir légitime, auteur et modérateur perpétuel de tout ce qui fait mouvoir la machine politique ; providence réservée à l'État, pour tous les cas où sa Constitution serait ébranlée et la force de ses lois méconnue.

Le Roi, dans l'ordre de l'hérédité légitime, assisté des deux Chambres, dans l'ordre constitutionnel, forme cette puissance inviolable de gouvernement (1), qui s'entend pour la confection des lois, règle l'impôt, et de son œil

---

(1) Voir l'*Avis aux électeurs, par un véritable indépendant,* que nous avons publié la veille des dernières élections, et où l'on trouve une série de propositions écrites pour survivre à la circonstance.

vigilant domine l'ensemble des affaires publiques, donnant au bien toute l'influence de direction qu'elle puise dans sa position élevée, et pouvant arrêter le mal par son action de contrôle et de répression sur les agens qui l'auraient commis. Le Roi propose la loi, qui, après avoir été discutée et votée librement par l'une et l'autre Chambre, vient recevoir la vie de la sanction et de la promulgation royale. Le Roi fait et défait les ministres; la Chambre des députés les accuse; la Chambre des pairs les juge.

Le ministère est cet élément responsable d'administration (1), chargé de l'exécution de la loi, et de proposer au Roi, toujours sous sa responsabilité, toutes les mesures les plus propres à étendre et à consolider le bien public.

Ce qu'on appelle le gouvernement, autrement dit les formes par lesquelles le Roi exerce son autorité souveraine, peut être modifié, selon l'exigence du temps et les besoins des circonstances; le ministère surtout peut éprouver des variations à l'infini, sans que la chose publique en soit atteinte (2) : le Roi est seul

---

(1) Voir l'*Avis aux électeurs, par un véritable indépendant.*

(2) *Idem.*

essentiellement perpétuel dans l'ordre politique, comme Dieu, dont il est l'image, est seul essentiellement éternel dans l'ordre moral.

Le pouvoir en France étant un, mais n'étant pas absolu, l'action du gouvernement y étant inviolable sans être despotique, il faut nécessairement qu'il y ait dans ceux qui sont chargés de l'exercice de ce pouvoir et de l'exécution des actes du gouvernement, des devoirs qui garantissent à la fois la majesté du souverain, l'autorité du législateur et la liberté légale du sujet.

Cette doctrine, professée, en d'autres termes si l'on veut, par des hommes qui aspiraient à la puissance, n'a pas perdu, nous le pensons, de sa force depuis qu'ils sont ministres.

Cette doctrine de la responsabilité des ministres, considérée en principe comme inhérente à tout mode de gouvernement qui n'est pas fondé sur le pouvoir absolu, a besoin d'être développée dans un écrit de la nature de celui-ci, et c'est ce que nous allons faire, nous proposant, après avoir expliqué la théorie de cette responsabilité, d'en faire une application, dès lors plus facile et mieux sentie, aux ministres actuels.

## CHAPITRE III.

De la responsabilité des ministres, conseillers de la couronne et chefs de l'administration publique.

Nous avons dit ce que sont les ministres, en considérant d'après quelques principes généraux leur position politique par rapport à d'autres positions plus élevées; il nous reste à juger, en tirant de ces principes leurs conséquences naturelles, quels sont leurs devoirs, et à populariser en quelque sorte le système de leur responsabilité.

Ici nous n'avons qu'à rapporter ce que nous avons dit dans deux articles destinés au *Conservateur*, et qui, par des motifs inutiles à rappeler, ont été insérés en 1819 dans *le Drapeau blanc* semi-périodique. Ce n'est pas nous qui pouvons être empêchés de rappeler à nos lecteurs ce que nous leur disions il y a cinq ans, et qui était pour nous comme une sorte de profession politique, à notre début dans l'honorable carrière de l'écrivain et du publiciste.

« Par le même article qui consacre l'inviolabilité de la personne du Roi, disions-nous dans la toute première livraison du *Drapeau blanc*, la Charte établit le principe de la responsabilité ministérielle; le royal législateur a proclamé, dans la Constitution écrite, les droits acquis par la coutume à la nation française. *Si le Roi le savait!* était l'expression consolante du peuple, qui gémissait sous le despotisme des agens du pouvoir. Il était tellement dans les habitudes du peuple français de considérer la personne du Roi comme inviolable et sacrée, que, sous le règne impuissant des derniers rois de la race des Carlovingiens, on ne s'écarta jamais du respect religieux que l'on devait au monarque. La confiance des gouvernans fut toujours si grande à cet égard, qu'elle a été une des causes innocentes d'un grande crime politique et des malheurs de la patrie. Le Roi-martyr pouvait conjurer l'orage qui menaçait la nation et la légitimité; il n'avait qu'à dire un mot pour faire rentrer dans la poussière la faction ambitieuse qui voulait établir le triomphe des intérêts individuels sur la chute de l'intérêt général : le mot eût été dit, et la France sauvée, si l'amour héréditaire des Français pour leur Roi n'avait éloigné l'idée d'un régicide.

« Les ministres étaient responsables par l'ancienne coutume. L'existence de l'inviolabilité de la personne du Roi établirait déjà une assez forte présomption de la responsabilité ministérielle, si notre histoire ne fournissait des faits et des actes qui s'élèvent au-dessus de cette présomption, pour la changer en certitude.

« Depuis Pierre de la Brosse, ministre et favori de Philippe-le-Hardi, qui fut pendu en 1276 pour avoir voulu, à la faveur d'une calomnie atroce, mettre le trouble dans la famille royale, jusqu'à Olivier-le-Daim, ministre et favori de Louis XI, supplicié de la même manière, en 1484, sous la minorité de Charles VIII, c'est-à-dire dans l'espace de deux cent huit ans, dix ministres subissent successivement la peine capitale, comme coupables d'abus de pouvoir, de malversations et d'autres crimes de haute félonie. Soixante ans après, et sous le règne de François I^er^, le chancelier Poyet est condamné à la peine de la dégradation civique par le Parlement de justice de Paris, garni de pairs, et considéré comme Cour des pairs. Le serment des chanceliers de France

portait ces paroles remarquables : « Vous ju-
« rez Dieu, votre créateur, et sur votre foi et
« honneur.... que quand on vous apportera
« quelque lettre signée par le commandement
« du Roi, si elle n'est de justice et raison, ne
« la scellerez point, encore que ledit seigneur
« le commande par une ou deux fois ; mais vien-
« drez de vers icelui seigneur, et lui remontre-
« rez tous les points par lesquels ladite lettre
« n'est raisonnable. »

« Sans augmenter le nombre des citations et des exemples, il est évident que, dans l'ancienne monarchie, les ministres étaient responsables de droit et de fait. Comme les ministres *avant* la Charte, les ministres *depuis* la Charte sont responsables de droit ; mais le sont-ils de fait ?

« Le principe établi dans la loi politique n'étant pas suffisamment développé dans la loi civile, nous sommes dans la triste obligation de répondre négativement. *Le Code pénal, article* 114, *prononce* à la vérité *la peine de la dégradation civique contre tout fonctionnaire public, agent ou préposé du gouvernement qui aurait ordonné ou fait quelque acte arbitraire et attentatoire, soit à la liberté individuelle, soit aux droits civiques d'un ou de plusieurs citoyens, soit aux Constitutions de l'État;* mais qu'est-ce qu'une disposition légale qui devient en quelque sorte inexécutable par les formes désespérantes sous lesquelles le despotisme impérial avait l'art d'étouffer les institutions les plus libérales? Ce serait tout au plus un moyen dont pourraient se servir provisoirement des Chambres qui voudraient, par un grand acte de justice, mettre un terme à l'envahissement ministériel.

« Il ne serait peut-être pas étonnant de voir la législature provoquer ainsi, par la force de la chose jugée et l'appareil d'un grand scandale politique, cette loi tant désirée de la responsabilité ministérielle, régulatrice d'un pouvoir qui, par l'effet de la position que lui donnent des droits réels et des devoirs illusoires, tend nécessairement au despotisme.

« Mais rien ne doit être provisoire, tout doit être permanent dans l'état politique d'une nation. Pour qu'un État soit bien réglé, il faut que la nature des droits de ses administrateurs dérive de la nature de leurs devoirs.

« Sous le gouvernement absolu, le ministre, qui n'est responsable qu'à son maître, peut bien être un *personnage dans l'État;* mais il n'est jamais un *personnage d'État;* c'est l'exécuteur aveugle d'une volonté qui ne souffre point de contradiction, et qui n'établit aucune importance politique. Dans le gouvernement appelé *représentatif*, le ministre fait partie intégrante du pouvoir, et il a par conséquent des droits qui lui sont propres.

« Si son devoir est d'être responsable des actes de la couronne qu'il contresigne, son droit est de refuser sa signature, dans le cas où l'un de ces actes lui paraît devoir compromettre sa responsabilité. Dans cette position élevée, *il peut ou il ne peut pas*. La conscience dit à l'homme : Ceci est juste, convenable, cela ne l'est point; et c'est ainsi que parle dans le cabinet le ministre responsable, tel que l'esprit de la Charte l'imagine; il est la conscience politique de la couronne; la voix de cette conscience est toujours entendue du Roi, qui ne veut que le bien, et qui ne peut pas le mal. Lorsqu'un ministre responsable suivra cette ligne constitutionnelle, il sera digne de la confiance du souverain et de l'estime de la nation; l'opinion publique le diviniserait. Quelle noble séduction pour l'homme de bien, pour l'homme d'État !

« Mais si le ministre est homme d'État, et qu'il ne soit pas homme de bien, ou, ce qui arrive plus souvent, s'il est homme de bien et qu'il ne soit pas homme d'État, ou, ce qui arrive plus souvent encore, s'il n'est ni l'un ni l'autre; s'il est gêné, fatigué, s'il se croit humilié par la franchise de la liberté de la presse, par la surveillance du droit de pétition, par la puissance de la tribune; si, dans son intelligence rétrécie, il altère l'existence de la nation, en altérant les principes qui la constituent; si, par suite d'une usurpation d'autant plus dangereuse, qu'on a plus de peine à la signaler sous le voile légal qui la couvre, le ministre aspire à mettre son despotisme à la place de la Constitution de l'État, l'opinion publique doit-elle rester muette devant ces empiètemens qui portent une égale atteinte à la majesté du trône, aux libertés publiques, à la prospérité nationale? la législation ne doit-elle pas repousser loin de la nation le despotisme ministériel, celui de tous qui fournit à la servilité les excuses les moins honorables; « le pire de tous, dit un illustre pair, parce « qu'il est de sa nature variable, craintif et « soupçonneux comme la faiblesse, intolérant, « exclusif et haineux comme un parti, peu « noble et petit dans ses vengeances comme « toute faction civile dont le champ de bataille

« est un bureau (1); » et l'on peut ajouter, incertain, alarmant et dangereux comme ce qui est provisoire? Oui, sans doute, la législature repoussera ce despotisme bizarre, dont le ridicule fait justice, mais que de bonnes institutions peuvent seules faire disparaître. Elle donnera cette loi trop souvent promise de la responsabilité ministérielle, sans laquelle la Charte ne serait plus qu'un papier sans crédit.

« Elle établira une juste distinction entre l'ordonnance et la loi. La Charte, article 15, s'exprime ainsi : « La puissance législative « s'exerce collectivement par le Roi, la Cham« bre des pairs et la Chambre des députés des « départemens. » La loi est donc l'ouvrage de la législature, l'ordonnance est l'ouvrage de la couronne.

« Les ministres répondent de toute l'ordonnance et ne répondent que de l'exécution de la loi. La Charte admet deux sortes d'ordonnances : ordonnances *pour l'exécution des lois*, et ordonnances *pour la sûreté de l'État*. Les ministres seront-ils également responsables des unes et des autres? Ce point a besoin d'être éclairci.

---

(1) M. de Chateaubriand.

« Sans doute, dans une crise extraordinaire de l'État, au milieu de laquelle tout serait bouleversé et commanderait une dictature indispensable dans la personne du Roi, les ministres ne sauraient être responsables, puisque la volonté du Roi-dictateur serait toute la loi, et que la Constitution en vertu de laquelle les ministres sont responsables, serait suspendue. Mais tant que l'Etat sera debout, gouverné par ses lois ordinaires, tant que la Charte constitutionnelle régira le royaume, les ministres du Roi, à qui la Charte impose des devoirs particuliers, continueront d'être les premiers serviteurs de la Charte, et la responsabilité ministérielle subsistera sans restriction.

« En confondant les situations, en s'éloignant des principes établis dans la loi fondamentale de l'État, le doute de M. de Chateaubriand pourrait fort bien se changer en certitude; il serait possible « qu'un beau matin toute « la Charte fût confisquée au profit de l'art. 14. » Mais nos législateurs porteront dans cette discussion importante toute la dignité qu'inspire la gravité de la matière. On ne verra pas se renouveler ces scènes ridicules qui n'ont que trop souvent profané le sanctuaire des lois; la *pureté* sera préférée au *purisme*, et la tribune aux harangues ne sera plus une chaire d'académie. L'ineptie et la mauvaise foi peuvent seules subtiliser dans une discussion politique, où le sens commun et la conscience voient la chose avant d'avoir défini l'acception grammaticale du mot.

« Ainsi, lorsque l'article 56 de la Charte établit que les ministres « ne peuvent être « accusés que pour fait de *trahison* et de « concussion, » on ne viendra pas, comme on a eu la bonhomie de l'insinuer, nous dire niaisement que les ministres ne peuvent être accusés que pour le fait d'une conspiration contre l'État. Ce serait abuser étrangement du système des interprétations, aussi ridicule et plus criminel à la tribune que sur les fleurs de lys.

« La loi civile ayant tout prévu, quant à la définition et à la punition de cette sorte de délits contre la sûreté de l'État, la personne du Roi et les membres de la famille royale, les ministres rentrent pour ce fait dans la classe des autres citoyens; mais le mot *trahison* se rapportant aux ministres dans la loi politique qui établit leurs droits et détermine leurs devoirs, ne peut être pris que dans une acception relative à cette position extraordinaire.

« Il existe deux hommes dans l'individu qui est ministre, l'homme civil et l'homme politique. Pour le fait des délits prévus par la loi civile, la loi civile attaque l'homme civil, dans l'intérêt de la protection réciproque qu'elle accorde aux individus; pour le fait des délits prévus par la loi politique, la loi politique attaque l'homme politique dans l'intérêt de la protection absolue, qui résulte pour tous des droits constitutionnels dont elle fait jouir la nation.

« Si on n'établit pas cette différence, un ministre tuera un homme; et lorsqu'on voudra le poursuivre pour ce crime civil, il répondra victorieusement : Cela ne me regarde pas; *les ministres ne peuvent être accusés que pour fait de trahison et de concussion.* Un ministre fera mieux; il tuera la chose publique par des moyens qui, puisés dans sa position politique, ne ressembleront pas du tout aux moyens employés plus violemment, et sans formes légales, par des conspirateurs ordinaires; et lorsqu'on lui dira : La chose publique est morte, c'est vous qui l'avez tuée, le ministre répondra plus victorieusement encore : Je me garderai bien de dire le contraire, puisqu'il est aujourd'hui bien reconnu qu'il n'est que ce chemin pour arriver à la réputation d'homme d'État. — Mais nous allons vous poursuivre. — Bah! lisez la Charte, article 56 : *Ils* (les ministres) *ne peuvent être accusés que pour fait de* trahison *et de concussion;* et il est bien clair que je n'ai pas *trahi;* voyez plutôt ce qu'en ont dit en temps et lieu MM. tel et tel, qui, à la tribune et ailleurs, ont fait de la trahison ministérielle un être de raison.

« Ceci a l'air d'être une plaisanterie; mais ce sera une vérité, et une vérité terrible pour une nation, toutes les fois que des ministres responsables de droit ne le seront point de fait; que, considérés comme hommes politiques sous le rapport de leurs droits, ils le seront comme hommes civils sous le rapport de leurs devoirs.

« Dans le poste éminent où le souverain les a placés, où la Constitution de l'État, dont ils sont le principal mobile, leur a fait une position qui leur est particulière, les ministres ont l'occasion de commettre des crimes de trahison dont il serait impossible aux autres citoyens de se rendre coupables.

« Le ministre qui, établi par le Roi son conseiller, donnera au Roi, méchamment et avec connaissance de cause, des conseils dont l'effet serait de nuire au salut, à la tranquillité, à la prospérité de l'Etat, sera un traître.

« Le ministre qui, établi par le Roi son agent, comme il est son conseiller, trompera le Roi par des rapports mensongers, provoquera des mesures royales ou législatives dont le résultat pourrait être nuisible au salut, à la tranquillité, à la prospérité de l'Etat, sera un traître.

« Le ministre à qui l'exécution d'une loi sera confiée, et qui, par intérêt personnel, rendra par son fait l'exécution de cette loi contraire au but que s'est proposé la législature, sera un traître.

« Le ministre, agent et conseiller responsable de la couronne, dont il contresigne les actes, puisqu'il les a provoqués, qu'il doit les exécuter, qu'il les approuve, sera un traître, si l'effet des actes contresignés est de violer la loi politique, d'être en contravention à la loi civile, ou d'occasionner un dommage à l'État.

« La législature se basant sur ces principes tirés de l'esprit de la Charte et de la nature du gouvernement appelé *représentatif*, distinguera les crimes au premier et au second chef, et les fautes nées de la mauvaise foi, de celles produites par l'incapacité. »

« Si les ordonnances, disions-nous encore, dans la 4e livraison du *Drapeau blanc* semi-périodique, si les ordonnances ou les instructions ministérielles sont subversives des dispositions constitutionnelles ou légales consacrées par la loi politique ou par la loi civile, le ministre qui a donné ces instructions ou contresigné ces ordonnances est coupable.

« Si des ordonnances ou des instructions qui ne blesseraient ni les dispositions de la loi politique ni les dispositions de la loi civile, étaient expliquées par les agens inférieurs du pouvoir, de façon à ce qu'il y eût inconstitutionnalité ou illégalité dans l'exécution, les agens inférieurs du pouvoir, dénoncés aux ministres, seraient poursuivis personnellement.

« Si le ministre à qui l'individu lésé aurait dénoncé un acte arbitraire, refusait de livrer à la justice l'agent prévaricateur, le ministre se rendrait, par le fait, coupable de prévarication, et serait passible d'une dénonciation devant la Chambre des députés, par forme de pétition.

« Le ministre est coupable de délits ministériels lorsqu'il n'exécute pas, lorsqu'il exécute mal les lois qui régissent l'État; lorsqu'il empiète sur les fonctions du législateur, en introduisant dans la législation, dont il n'est que l'exécuteur responsable, des explications qui modifient, étendent ou créent des dispositions légales; lorsqu'ayant connaissance d'une prévarication commise par un agent subalterne, il se rend lui-même prévaricateur, en refusant de faire justice à l'individu lésé.

. . . . . . . . . . . . . . . . . . . . . . . . . . . . . .

« Les délits ministériels tels que nous venons de les spécifier, tels que nous les avions spécifiés déjà dans notre premier article (1) sur la responsabilité ministérielle, peuvent être ainsi classés :

« 1° Délits commis par mauvaise foi;

« 2° Délits commis par négligence, et délits commis par incapacité, lorsqu'il serait prouvé que le ministre incapable aurait eu la conviction de son incapacité;

« 3° Délits commis par incapacité, lorsqu'il serait prouvé que le ministre incapable n'aurait pas eu la conviction de son incapacité.

« Nous n'avons pas placé au dernier rang la négligence dont se rendrait coupable un ministre, parce qu'en politique les résultats sont

(1) Voir ce qui vient d'être rapporté.

tout. La négligence d'un particulier ne fait tort qu'à lui-même, ou tout au plus à sa famille. Une nation entière, plusieurs générations peuvent être victimes d'une négligence ministérielle. Un exemple fera mieux sentir l'importance de cette distinction entre les deux situations de l'homme civil et de l'homme politique.

« Nous ignorons qui était ministre de la marine au moment qui a précédé les cent-jours; mais ce que nous savons très-bien, c'est que si l'on n'eût pas *négligé* d'établir une croisière entre l'île d'Elbe et les côtes de la Provence, la France n'aurait à déplorer ni la honte, ni les malheurs de l'invasion étrangère, ni le réveil des dissensions politiques, que le bonheur de 1814 tenait assoupies. Dans le cas d'une pareille négligence, qui entraîne après elle tant de désastres, le ministre, déclaré coupable au second chef, ne devrait-il pas même s'estimer heureux de ne l'être pas au premier? L'opinion a souvent de la peine à concevoir comment le ministre, qui possède tous les moyens d'éclairer sa conduite politique, a pu négliger une précaution dont, avec une connaissance moins exacte de la chose, mais avec une meilleure conscience de ce qui est bien en général, des milliers d'individus avaient senti la nécessité.

« Si la négligence d'un ministre est placée dans la seconde classe des délits ministériels, à combien plus forte raison l'incapacité..... A ce mot, j'entends tous les échos ministériels répéter : L'incapacité ! *punir* un ministre parce qu'il est incapable ! cela ne s'est jamais vu ! Cela ne s'est jamais vu, soit ; mais ce n'est pas là l'état de la question ; et si nous prouvons que cela doit être, l'usage prévaudra-t-il contre le principe ?

« En politique, on connaît surtout des crimes de fait, parce que c'est le fait et non l'intention qui tue la chose publique. Le ministre incapable qui aura fait du mal à son pays, en aura-t-il fait moins le mal que le ministre agissant uniquement de mauvaise foi ? Celui-ci aura du moins conservé l'ordre dans le désordre, tandis que celui-là aurait tout perdu, tout bouleversé, sans pouvoir rien retrouver, rien remettre à sa place. Nous accordons qu'il n'est pas coupable d'intention ; mais le fait de son incapacité n'en pèse pas moins sur l'État, qui réclame la punition du coupable, ne fût-ce que pour effrayer dans l'avenir les hommes incapables, toujours prêts à s'emparer des affaires, auxquelles ils entendent le moins.

« La peine la moins forte doit sans doute être préférée dans ce cas, puisque le coupable ne l'est que par rapport à la position extraordinaire dans laquelle il s'est trouvé, et que, consciencieusement innocent, il serait entièrement absous, s'il se trouvait dans un position ordinaire. Mais le ministre ne pourrait faire valoir cette excuse intentionnelle que tout autant que ses intentions seraient pures; et elles ne seraient telles que dans le cas où il aurait cru réellement avoir employé les moyens les plus propres à faire le bien. Ne sachant rien de son incapacité, il aurait gardé le pouvoir parce qu'il se serait cru capable d'en user convenablement. Il est innocent à ses propres yeux. Une première faute suffirait pour l'éclairer; et dès lors repentant du mal qu'il aurait fait sans le vouloir et sans le savoir, il n'attendrait pas le jugement des autres pour se rendre justice. Si, dans l'intérêt de la chose publique, il était accusé, jugé selon la loi, les députés en l'accusant, les pairs en le condamnant comme homme politique, l'estimeraient, le plaindraient comme homme civil; et l'arrêt modifié d'après ces considérations puissantes, serait à la fois un hommage rendu aux vertus civiles du prévenu, et un gage précieux des vertus politiques des accusateurs et des juges.

« Mais si, incapable et convaincu de son incapacité, le ministre retenait néanmoins un pouvoir qu'il saurait avoir rendu nuisible à l'Etat, la Chambre des députés ne devrait-elle pas, après avoir arrêté le cours des sottises ministérielles, considérer et faire présenter à la Chambre des pairs les récidives avec connaissance de cause comme un attentat politique d'un degré supérieur ? Ne verrait-elle pas et ne ferait-elle pas voir la mauvaise foi déguisée par l'amour propre, sous le voile de l'incapacité ? Le peuple opprimé par un ministre de mauvaise foi, mais homme de capacité, est lésé dans ses droits, mais n'est point blessé dans l'orgueil national, qui s'accommoderait plus facilement d'un scélérat que d'un sot. »

Tels sont les principes que nous professions en 1819, et que nous professons encore aujourd'hui, sur la question importante que nous avions à traiter; il nous reste peu de chose à ajouter pour rendre la démonstration complète.

Un grand nombre de personnes recommandables ont quelque peine à s'expliquer comment des ministres nommés par le Roi peuvent être accusés, jugés et condamnés par les Chambres. Ces hommes si respectables par ce pur sentiment de délicatesse et d'amour, qui leur fait redouter pour le monarque quelque atteinte portée à la majesté royale par la rigoureuse exécution de certains articles de la Charte, voient avec une sorte de terreur ces rigueurs contre le ministère, comme pouvant rejaillir sur la personne sacrée du Roi : il est juste de dissiper ces craintes honorables pour ceux qui les éprouvent.

L'action usuelle du gouvernement se meut en France par deux principes : l'inviolabilité et la responsabilité ; le principe du bien et le principe du mal ; le Roi et les ministres. Le Roi fait le bien, et ne peut pas le mal ; les ministres font le mal, et ne peuvent pas le bien. Plus vous aurez infirmé le principe du mal, plus le principe du bien aura acquis de force et de majesté. En d'autres termes : plus vous ferez retomber sur les ministres la responsabilité des fautes du pouvoir, plus le Roi, dégagé, même sous le rapport moral, du poids des fautes ministérielles, paraîtra infaillible et sacré aux yeux de l'opinion.

Dans la poursuite des délits ministériels, le Roi se trouve d'ailleurs absolument hors d'action. Le Roi nomme, à la vérité, les ministres; il les destitue à sa volonté; mais jamais il ne saurait les accuser : accuser est contraire à l'essence de la dignité royale, qui est toute de grâce et de bonté, et jamais ne se manifeste par des actes de rigueur. De même que dans les cas ordinaires, ce sont les gens du parquet qui, dans l'intérêt de la loi et pour satisfaire à la vindicte publique, poursuivent la punition des délits et des crimes qui ressortent du droit commun, de même la Chambre des députés se trouve saisie, par la Charte de 1814, de la poursuite des délits ministériels, et la Chambre des pairs de leur jugement.

Nous avons cru devoir nous étendre sur ces développemens nécessaires, afin d'établir clairement la théorie de l'accusation et du jugement des ministres, pour les cas où leur responsabilité se trouve compromise. Après avoir dissipé les préjugés, éclairci les doutes qui trop long-temps ont obscurci cette question, d'où dépend le bien-être de notre pays dans l'état actuel de nos institutions et de nos lois, il nous sera plus facile et il pourra devenir plus profitable d'examiner les faits relatifs au présent ministère, dont les actes font la matière de cet appel fait au gouvernement.

## CHAPITRE IV.

De l'application au ministère actuel des règles sur la responsabilité.

Lorsque le système ministériel ressuscité par M. de Talleyrand après les cent-jours, commença sous le ministère Decazes à étendre son funeste développement; lorsque l'opinion attachée à la monarchie et aux libertés publiques s'aperçut du mouvement perfide de cette bascule politique qui, tenant la balance entre le crime et la vertu, offrait à la France alarmée l'épouvantable alternative du despotisme ministériel ou d'un nouveau triomphe révolutionnaire, un cri d'horreur et d'indignation s'éleva contre ces hommes qui, dans le but personnel de satisfaire aux désirs réprouvés de leur coupable ambition, livraient la patrie à toutes les chances de la guerre civile et de la guerre étrangère, de tous les maux enfin que pouvait faire éclore la division des partis, mis en présence par la politique déloyale des directeurs de nos destinées.

Eh bien! si ce même système que nous avons vu, de progrès en progrès, traîner la France sur le bord de l'abîme dont la main de la Providence a pu seule nous garantir; si ce système, source de tant de maux et cause de tant d'alarmes, se reproduisait encore sous nos yeux; bien plus, s'il n'avait jamais cessé d'être suivi; si, avec des apparences mieux appropriées aux changemens que la force des choses a nécessairement amenés, ce système de déception avait toujours marché vers le même but, au risque des mêmes périls pour la France, ne serait-il pas du devoir de tout bon Français d'aller droit au monstre, de le saisir, de le mener droit à la lumière dont il redoute l'éclat, et là de le faire évanouir devant sa propre difformité?

Si des hommes qui professaient des principes conformes aux nôtres, qui manifestaient les intentions les plus pures lorsqu'ils combattaient avec nous les fausses doctrines et les sinistres projets des ministres d'alors, avaient répudié leurs vieux principes et mis en oubli leurs bonnes intentions depuis qu'ils ont bu dans la coupe enivrante du pouvoir, devrions-nous ménager ces hommes plus qu'eux-mêmes ne ménageaient leurs prédécesseurs? le mal fait par eux cesserait-il d'être le mal? et parce qu'ils auraient ajouté le tort affreux de la déloyauté aux torts de ceux dont ils se seraient faits les imitateurs, serait-on obligé de les absoudre de ce qu'ils condamnaient avec tant de justice chez les autres? Non, sans doute; et de quelque manteau respectable qu'on prétendît couvrir de telles turpitudes, les coupables pourraient d'autant moins échapper à une réprobation méritée, qu'on les jugerait par leurs propres œuvres, et que leurs propres paroles seraient leur sentence.

Nous n'hésiterons pas à le dire : c'est sous ce point de vue accablant que nous allons examiner le ministère actuel, dans l'ensemble de sa conduite et dans les principaux de ses actes.

## CHAPITRE V.

De l'ordonnance du 24 décembre 1823, portant dissolution de la dernière Chambre. Responsabilité des ministres à cet égard.

L'UN des torts les plus graves dont le ministère se soit rendu coupable, celui qui explique tous ses autres torts, c'est bien certainement l'acte par lequel il a dissous la dernière Chambre.

A la doctrine que nous avons développée dans le chapitre III, sur la responsabilité des ministres, notamment par rapport à l'ordonnance dont nous avons démontré que les ministres étaient responsables comme d'un acte personnel, nous ajouterons l'imposante autorité de M. de Chateaubriand, qui s'exprime ainsi sur ce sujet important :

« Une ordonnance, dit l'illustre écrivain,
« n'est forcément qu'une mesure des ministres :
« tout citoyen a le droit de l'examiner..... Si
« une ordonnance mettait la France en péril,

« les Chambres pourraient en accuser les mi-
« nistres. Ceux-ci sont donc les véritables au-
« teurs de l'ordonnance, puisqu'ils peuvent
« être poursuivis pour ces ordonnances (1). »

Et en un autre endroit (2) : « Et quand bien
« même le Roi, dans le conseil, eût adopté l'a-
« vis du ministère, si cet avis entraîne une
« fausse mesure, le Roi n'est encore pour rien
« dans tout cela : ce sont les ministres qui ont
« surpris sa sagesse, en lui présentant les
« choses sous un faux jour, en le trompant par
« corruption, passion, incapacité. Encore un
« coup, rien n'est l'ouvrage du Roi que la loi
« sanctionnée, le bonheur du peuple et la
« prospérité de la patrie. »

M. de Chateaubriand a dit aussi : « Je vais
« donc, conformément à la raison et aux prin-
« cipes constitutionnels, examiner sans scru-
« pule l'ordonnance du 5 septembre (3). »
Nous dirons après M. de Chateaubriand :
« Nous allons donc, conformément à la raison
« et aux principes constitutionnels, examiner
« sans scrupule l'ordonnance du 24 décembre. »

---

(1) *De la Monarchie selon la Charte*, Post-Scriptum.

(2) *Idem*, chapitre V.

(3) *Idem*, Post-Scriptum.

## CHAPITRE VI.

Double tort qui pèse sur les ministres auteurs de l'ordonnance du 24 décembre.

M. de Chateaubriand adressait aux auteurs de l'ordonnance du 5 septembre, un reproche dont le ministère auquel le noble pair appartient, semble avoir voulu se garantir, et ce reproche avait trait aux considérans dont les ministres du 5 septembre avaient, selon lui, surchargé mal à propos leur ordonnance.

A la vérité, l'ordonnance du 24 décembre ne porte point de motifs qui puissent, au premier coup-d'œil, faire tomber l'illustre écrivain, aujourd'hui ministre, en contradiction avec lui-même.

Mais ces motifs dont M. de Chateaubriand voulait que l'ordonnance fût privée, pour qu'elle pût être considérée comme la volonté royale, exempte de toute influence ministérielle, et placée ainsi hors des atteintes de la critique constitutionnelle, ces motifs que l'on ne lit point dans l'ordonnance du 24 décembre, ne sont-ils pas longuement écrits dans les divers articles que les journaux ministériels ont publiés avant et après l'ordonnance sur la dissolution de la Chambre, sur le renouvellement intégral et la septennalité? Ne les trouve-t-on pas authentiquement développés, et, autant que possible, rendus officiels, dans cette brochure sans nom d'auteur, et, selon le *Journal des Débats, signée à toutes les pages*, où un ministre que chacun a parfaitement reconnu, et qui n'a point renié son œuvre, a essayé d'expliquer, avec le ton convenable à la mission de l'illustre auteur, le comment et le pourquoi de la dissolution de la Chambre?

Les motifs de l'ordonnance insérés dans l'ordonnance même pouvant être censurés, même quand il s'agit de la dissolution de la Chambre, parce que, d'après la doctrine de M. de Chateaubriand, ces motifs appartiennent aux ministres, seraient-ils affranchis de notre censure, parce que les ministres les auraient publiés en dehors de l'ordonnance?

Hésiter sur une question de cette nature serait une absurdité. Outre que, dans le système absolu de la responsabilité ministérielle, la raison veut que les ministres répondent de tous les actes qu'ils ont conseillés, et par conséquent des mesures qu'ils ont votées dans le conseil et des ordonnances qu'ils ont contresignées, il est bien évident que les ministres ayant expliqué l'ordonnance, l'ont par ce simple fait proclamée comme leur ouvrage, et que d'ailleurs il nous est bien permis d'attaquer ce qu'ils ont jugé à propos de défendre.

Nous considèrerons donc les divers écrits publiés au sujet de l'ordonnance du 24 décembre, dans les journaux du ministère, et notamment la brochure de M. le ministre des affaires étrangères, ayant pour titre *Du Renouvellement intégral*, comme renfermant les motifs (avoués par le ministère) de l'ordonnance de dissolution; c'est sous ce point de vue exact que nous allons soumettre les motifs et l'ordonnance à un examen scrupuleux.

Réduisons cet examen à sa plus simple expression.

S'il s'agit de la question de savoir pourquoi l'on a dissous la Chambre des députés, on répond dans les motifs ministériels : « Pour avoir « des députés d'une seule et même élection, « afin de leur présenter la loi du renouvelle- « ment intégral (1). »

On a déjà victorieusement repoussé ce futile

(1) *Du Renouvellement intégral*, p. 7.

motif. On a dit avec raison que l'ancienne Chambre était tout aussi compétente qu'une Chambre nouvelle, pour discuter une loi dont la proposition lui aurait été faite par la couronne. On a ajouté, avec plus de raison encore, qu'en appelant une Chambre qui aurait à décider si les élections resteraient partielles, ou si elles deviendraient septennales, on s'exposerait à l'un de ces deux graves inconvéniens, ou d'être obligé, en proposant la loi, d'annoncer comme article essentiel la dissolution de la Chambre délibérante, ce qui ferait deux dissolutions pour une en moins d'une année, ou bien de rendre la Chambre juge dans sa propre cause.

Un écrivain anonyme, dont l'ouvrage se recommande à l'attention de l'honnête homme et du bon citoyen, a été plus loin; il a dit aux ministres, et ses paroles sont fondées sur les principes et sur l'observation la plus vraie : « Il vous a plu d'appeler les électeurs, non « plus à juger des personnes, mais à discuter « sur les choses : leurs fonctions sont devenues « doubles, d'abord de se décider pour ou con- « tre votre projet, et puis de choisir des dé- « putés qui soutiennent leur opinion. C'est « manifestement un appel au peuple, à la na-

« tion électorale du moins, dans lequel le *gou-*
« *vernement* ne se réserve et n'exerce que la
« simple initiative, et par suite duquel la Cham-
« bre nouvelle ne parlera qu'au nom de ses
« commettans, ne prononcera que d'après
« leur mandat spécial. De là le dogme de la
« souveraineté du peuple se voit, non pas re-
« connu en principe, mais appliqué dans la
« pratique. Or, rien n'est plus naturel que de
« remonter du fait au droit (1)... »

Notre opinion sera plus sévère que celle de l'auteur cité. Nous pensons que le ministère a réellement reconnu le principe de la souveraineté du peuple, par l'application éclatante qu'il en a faite. Cette théorie subversive de l'ordre social se retrouve, au surplus, professée de la manière la moins équivoque dans un des plus fameux discours du ministère, prononcé pendant la dernière session, à la tribune de la Chambre des députés, et où l'on exprime pour un *je ne sais quel droit divin* (2), un dédain assez déplacé dans la bouche d'un ministre d'un Roi par la grâce de Dieu.

---

(1) *Les Scrupules d'un électeur*, p. 27.

(2) *Discours de M. le ministre des affaires étrangères*, Chambre des députés, séance du 25 février 1823. Voir les journaux.

Nous savons très-bien qu'en Angleterre, où l'imperfection des principes politiques reconnus a forcé le ministère à adopter deux politiques, la politique du cabinet, qui est toute de faits, et la politique de la Constitution, qui est toute en paroles, les ministres se croient obligés de faire des concessions de principes à la faction démocratique, tout en se réservant d'agir dans un sens contraire.

Mais outre qu'il n'est pas bien certain qu'un beau jour le peuple anglais ne fasse une terrible application du principe si souvent reconnu de la souveraineté du plus grand nombre, il existe chez nos voisins une puissante aristocratie, que nous n'avons point, et qui présente une digue presque insurmontable à l'action populaire.

Le gouvernement britannique peut croire utile à ses projets de proclamer des principes dont il pense ne pas devoir redouter pour lui les épouvantables conséquences, mais dont il ne serait pas fâché peut-être de voir le funeste poison livrer à l'influence de sa politique les autres États, affaiblis par des divisions intestines.

Abandonnons cette funeste manie qui, depuis trop long-temps, fait de nous les serviles imitateurs d'une nation de qui nous avons emprunté le régicide. Soyons Français ; sachons nous conduire par les principes avoués de notre Constitution, toute empreinte de cette légitimité du trône d'où elle émane, et qui en est le régulateur perpétuel. Gardons-nous d'étouffer les élans de cette franchise naturelle qui ne permet pas à la généreuse ardeur de notre caractère national de mettre de la différence entre nos actions et nos paroles. Si nous ne possédons pas les garanties matérielles que nos voisins opposent à l'envahissement des principes les plus anti-sociaux, résistons à cet envahissement redoutable par la force imposante de nos sentimens de dévoûment et d'amour hautement manifestés, repoussons toute atteinte sacrilége que l'on voudrait porter à leur pureté native; et que dans ce noble pays de France, où l'amour du Roi forme la base de la croyance publique, où la sauvegarde de la légitimité s'identifiant avec la nation, se perd dans le vague mystérieux des souvenirs antiques, pour remonter jusqu'à celui qui tient dans ses mains le sort des empires, des ministres du Roi qui ne meurt jamais, ne viennent pas mettre en avant les doctrines sèches et froides d'une sorte de matérialisme politique, destructeur de l'esprit de vie dont la Constitution française est si heureusement animée.

Les ministres ont violé la Constitution de l'État dans son principe le plus rigoureux, en faisant un appel au peuple pour la décision d'un point de législature constituante, décision qui n'appartient qu'au souverain, dans les formes qu'il a lui-même tracées pour l'exercice de cette souveraineté : ils ont proclamé le dogme anti-social de la souveraineté du peuple, et par le fait important de cet appel fait à sa volonté, et par les paroles inconstitutionnelles qu'ils ont fait entendre à la tribune, et qui tendent à dépouiller le véritable souverain de l'attribut impérissable de sa légitimité.

Mais les paroles des ministres et l'ordonnance du 24 décembre ne se sont point bornées à ces résultats condamnables. Les ministres ont cassé la Chambre par le motif *annoncé* de présenter à une Chambre nouvelle la loi du renouvellement intégral, comme si l'on devait admettre que des agens responsables, sans compromettre leur responsabilité, pussent déranger l'ordre régulier du gouvernement, sur le simple motif de l'essai d'un changement dans la Constitution, qui n'a d'autre garantie que leur opinion personnelle, d'autre appui que leur précaire autorité.

On a prévu l'objection, et l'on a cru y répondre en disant que, quand bien même il n'y aurait pas de motif de renvoyer une Chambre des députés, le Roi devait prononcer de temps à autre quelque acte de dissolution, afin de ne pas laisser prescrire son droit à cet égard.

S'il n'y avait dans cette proposition que du ridicule, nous nous serions dispensés d'en parler, par égard pour l'éloquent écrivain qui, dans les débats relatifs à l'ordonnance du 24 décembre, a prêté au ministère l'appui d'un talent autrefois plus brillant, parce qu'il était plus pur, et plus solide, parce qu'il était vrai. Mais dans ce doute que l'on émet sur l'imprescriptibilité du droit de Roi, considéré comme un fait dont il est besoin, dit-on, de renouveler l'usage, pour ne pas laisser tomber ce droit dans une sorte de prescription, il y a une sorte d'atteinte portée à la dignité royale qu'il est impossible de tolérer. Un écrivain dont M. le ministre des affaires étrangères ne récusera pas l'autorité, a dit dans le premier Numéro du *Conservateur*, au sujet du droit en vertu duquel le Roi avait cassé la Chambre de 1815 : *Ce serait déjà* UNE CHOSE COUPABLE *que de supposer qu'il y eût victoire, et conséquemment péril à exercer cette prérogative.*

Bien plus, dans cette prétention du ministère à ne soumettre à aucune règle de responsabilité, à présenter comme un acte purement capricieux la grande mesure de la dissolution d'une Chambre, il y a quelque chose d'inquiétant pour la nation, d'effrayant pour les libertés publiques, que nous devons repousser de tous nos efforts, comme devant introduire l'inviolabilité, la puissance despotique du ministère, dans l'acte où le besoin de sa responsabilité se fait le plus fortement sentir.

Abstraction faite de toutes prétentions ministérielles qui reposeraient sur d'aussi faux raisonnemens, nous croyons donc pouvoir déclarer que les ministres ont outrepassé le cercle de leurs attributions, et qu'ils ont gravement compromis leur responsabilité en cassant une Chambre, par le seul motif qu'une nouvelle Chambre, selon leur opinion personnelle, devrait être plus habile que l'ancienne à discuter telle question *en projet*. Bien loin de penser avec l'organe ministériel qu'un acte de dissolution puisse raffermir la Constitution de l'État, on sera au contraire parfaitement convaincu qu'une telle mesure, entreprise sans nécessité, ne peut qu'ébranler d'une façon quelconque la machine politique, en usant toujours un peu les ressorts qui la font mouvoir.

Après les deux accusations capitales de renversement du principe le plus rigoureux de notre Constitution, par le fait de l'appel au peuple électoral, sur une question du ressort du souverain, et d'envahissement de pouvoir par le fait même de la dissolution de la Chambre, d'après un motif que l'on ne saurait admettre, il nous reste à examiner si cette Chambre, dont on s'est défait, ne présentait point par hasard quelque danger public par quelque tendance funeste vers un but coupable.

Ici l'on nous répondra par des protestations solennelles que la dissolution prononcée ne regarde qu'un mouvement éventuel dans les choses, et ne touche nullement aux personnes. Mais comme en définitive, dans un état de législation qui n'est point changé, et dont les besoins théoriques ne commandent point cette grande mesure, un acte de dissolution ne peut avoir d'autre but et n'a réellement d'autre motif que de soumettre les hommes de la Chambre dissoute à une épuration qui, en résultat, peut modifier à l'infini et même changer tout à fait le personnel de la Chambre, il s'agit au fond d'examiner en quoi la dernière Chambre aurait pu mériter un tel acte de rigueur.

Il suffit de se rappeler avec quel dévoûment cette Chambre avait voté tous les fonds qui pouvaient assurer la marche de l'administration et concourir au succès d'une guerre où la gloire de la patrie n'était pas moins intéressée que son repos; il suffit de dire quels en étaient les membres pour exprimer une réunion d'hommes où dominaient les plus honorables sentimens et les talens les plus recommandables; le renouvellement du cinquième annuel, dernier produit d'une ancienne loi où l'influence de l'esprit démocratique se faisait trop sentir, promettait encore une amélioration qui faisait l'espoir de tous les Français dévoués à leur Roi et aux institutions de leur pays. La Chambre, ainsi partiellement renouvelée, s'offrait dans l'avenir comme devant être presqu'en entier animée du même esprit, et se montrer capable des plus grandes choses pour le bien de la monarchie, le maintien des institutions qui nous ont été données, et l'établissement nécessaire de celles qui nous manquent.

C'est au milieu de ces espérances légitimes, c'est lorsque la France se complaisait dans un si brillant et si doux avenir, c'est lorsqu'à l'ombre des lauriers cueillis par ses valeureux enfans, elle commençait à respirer après tant de désastres et tant d'incertitudes, qu'on a vu le ministère, nous livrant à une incertitude nouvelle, confier sans motif raisonnable le sort de notre chère patrie aux chances d'une lutte générale, où notre position si belle et si assurée pouvait être cruellement compromise.

Ce dernier tort, qui repose sur un fait positif, n'est pas sans doute le plus grave, mais c'est celui qui sera le mieux apprécié, comme étant sans excuse, et laissant deviner que le ministère qui a pu mettre ainsi sur une carte les destins du pays, et dont les motifs avoués sont loin d'ailleurs de donner une explication suffisante de son étrange conduite, a eu sans doute, pour en agir ainsi, d'autres motifs plus réels, quoique moins connus, dont il importe de faire la recherche.

## CHAPITRE VII.

Recherches des motifs qui ont pu déterminer le ministère à casser la dernière Chambre.

Nous venons de démontrer combien les motifs *annoncés* par les ministres comme les ayant décidés à la mesure extraordinaire de la dissolution de la Chambre, sont à la fois répréhensibles et futiles; peut-être les motifs *réels* de la conduite ministérielle, pour être vrais, n'en seront pas plus innocens : c'est ce que nous allons examiner.

Il est un fait constant : c'est que la dissolution de la Chambre a jeté, parmi les royalistes, un sentiment d'inquiétude qui a solennellement jugé dans quel esprit l'ordonnance avait été imaginée. On a pu remarquer que la Chambre des députés était dissoute pour la seconde fois, et que les deux fois que la dissolution a été ordonnée, cet acte de rigueur a pesé sur une Chambre royaliste, qui, par le renouvellement partiel de l'année courante, *menaçait* de l'être encore plus. On a dit que l'ordonnance du 24 décembre 1823, était une triste imitation de l'ordonnance du 5 septembre 1816, et nous ne pouvons concevoir comment une vérité aussi palpable a pu être contestée. Si le résultat n'a pas été le même, il ne faut s'en prendre qu'à la marche du temps, qui force au moins à s'entourer de formes plus monarchiques, et surtout à ces récentes victoires qui, en France, ont mis en dehors les sentimens royalistes, plus que ne s'y attendaient les hommes qui n'ont fait qu'à la dernière extrémité, qu'à leur corps défendant, une guerre réclamée par les plus pressans besoins de la monarchie et de la vraie liberté.

Nous avons prouvé combien était inconstitutionnel et même inutile un appel fait à une Chambre nouvelle pour la décision d'un point législatif que la Chambre existante pouvait juger plus convenablement. Si maintenant nous voulions apprécier le mérite même de la question, il ne nous serait pas moins facile de démontrer combien elle répugne à toutes les idées raisonnables, et que peut-être même le ministère, qui l'a mise en avant de son projet de dissolution de la Chambre, tient moins que personne à ce qu'elle soit accueillie par la législature.

Le renouvellement intégral, contraire à la Charte, et vivement contesté par l'opinion, devait, ce nous semble, par ce double motif, ne pas offrir beaucoup de chances d'encouragement à des ministres qui auraient songé de bonne foi à le faire entrer dans notre système constitutionnel. Le renouvellement partiel joint à l'avantage de convenir en général aux diverses opinions politiques, l'autorité d'une expérience qui a représenté ce mode d'élection comme devant être favorable à la liberté, sans pouvoir jamais inquiéter le pouvoir. En effet, des élections qui se font annuellement sur un cinquième de la France, ont le mérite incontestable d'avertir chaque année le pouvoir, par un mouvement de l'opinion qui, dans l'espace resserré où il se trouve circonscrit, serait sans action pour troubler la tranquillité publique et pour porter la moindre atteinte à la stabilité du gouvernement. Une Chambre modifiée chaque année par le renouvellement partiel, est animée d'assez d'énergie, périodiquement puisée à la source de l'opinion, pour s'opposer avec succès aux envahissemens du despotisme ministériel, et jamais elle ne pourra se constituer avec assez de force pour devenir usurpatrice à son tour. Voilà pour l'intérêt général ; voici pour les intérêts particuliers.

Le renouvellement intégral ne semble pas devoir être plus avantageux aux intérêts des ministres qu'à l'intérêt puissant de la chose publique. En effet, une Chambre qui resterait composée des mêmes élémens pendant sept ans, ne pourrait-elle pas s'organiser plus fortement, sentir sa force et en faire éprouver les effets aux chefs de l'administration, aux agens responsables de l'action du gouvernement ? Ce même pouvoir, que nous trouvons exorbitant entre les mains des ministres, ne passerait-il pas tout entier et plus absolu dans une Chambre dont tous les membres auraient devant eux un exercice assez long pour leur permettre de se livrer à toutes les combinaisons capables de fonder la puissance du corps auquel ils appartiendraient ? La ressource de la dissolution, dans ce cas, serait illusoire, en ce qu'elle donnerait l'un ou l'autre de ces résultats, ou de ramener les mêmes membres dans le sein de la Chambre, ou tout au moins de renouveler avec d'autres personnes les mêmes prétentions et les mêmes dangers, nés du vice inhérent à l'institution.

Il est impossible que les ministres n'aient pas fait au moins ces dernières réflexions, qui les regardaient personnellement. Ils les ont faites; et en joignant la considération du mal qui devait leur advenir du renouvellement intégral, à la certitude des graves inconvéniens qui devaient en résulter pour la chose publique, on peut raisonnablement penser que ce changement notable dans notre système constitutionnel ne les a pas long-temps séduits, si jamais ils ont sérieusement songé à l'introduire dans notre Constitution. Qu'on ne soit donc pas étonné de voir, dans le cours de cette session, le ministère renoncer à un projet dont probablement il n'a jamais voulu, ou du moins le présenter de manière que le rejet en soit assuré.

Le ministère doit-être d'autant plus disposé à en agir ainsi, que la presque unanimité des membres de la Chambre élue étant animés d'un même sentiment politique, et la nouvelle Chambre que l'on ferait élire après la promulgation de la loi devant nécessairement offrir ce même ensemble d'opinion, il résulterait de cette combinaison homogène, surtout dans une Chambre élue pour sept ans, une force de répulsion à laquelle le ministère n'essaierait pas même de résister.

Mais si le ministère doit rencontrer des dangers si certains dans le renouvellement intégral et la septennalité ; s'il a dû toujours être convaincu de l'existence de ces dangers, et si aujourd'hui il en voit plus que jamais l'imminence, pourquoi le ministère a-t-il fait écrire dans ses journaux, et a-t-il si longuement discouru lui-même sur la septennalité et sur le renouvellement intégral ?

Le ministère a beaucoup parlé et beaucoup fait parler de choses abstraites, dont il se souciait fort peu, afin de détourner l'attention publique d'un fait qui l'intéressait beaucoup, et qu'il était difficile de justifier. On a grandement disserté sur la question de savoir si plus tard nous aurions une Chambre septennale, lorsqu'il importait bien plus à la France de connaître quels étaient les motifs réels de la dissolution d'une Chambre à qui raisonnablement on n'avait rien à reprocher. On a perfidement transformé un simple examen de faits en une discussion subtile de principes ; et des écrivains dont le devoir était de demander compte d'un acte de rigueur qui blessait si cruellement l'opinion, ont merveilleusement servi les auteurs de cette funeste mesure, en improvisant de prolixes discours sur des abstractions dont on ne voyait pas trop le pourquoi, et qui ont eu pour résultat de faire perdre de vue le véritable état de la question.

Nous avons fait remarquer que les deux fois que la Chambre s'est trouvée royaliste, les ministres se sont empressés de la casser. Après cette remarque importante, il est peut-être inutile d'ajouter que toutes les fois que la Chambre a été royaliste, elle est devenue inquiétante pour les ministres; non que les ministres personnellement n'aient pu être classés parmi les hommes qui professent l'opinion royaliste, mais parce qu'il est dans la nature irrésistible des choses qu'une Chambre qui n'a plus à s'occuper de la nécessité de se combattre elle-même; qu'une Chambre où s'élève une opinion puissante qui écrase du poids d'une immense majorité quelques fractions dissidentes, s'occupe dès ce moment du soin de demander compte à l'administration de ses actes et de ses projets.

On a pu se convaincre, dans le cours de la dernière session, que, sous ce rapport, la Chambre a été tentée de se montrer hostile, et que si elle s'est arrêtée dans cet élan qui l'entraînait avec force vers le contrôle rigoureux des actes du ministère, la cause a dû évidemment en être attribuée à l'obligation de ne point établir de divisions entre la Chambre et les agens responsables de la couronne, dans un moment où le mouvement d'une guerre, à laquelle bien certainement les Chambres tenaient plus que le ministère, imposait la nécessité et faisait un devoir de l'union la plus étroite.

Mais le ministère ne pouvait se dissimuler que cet armistice, que les considérations les plus impérieuses commandaient à la Chambre d'accorder, devait expirer au moment où la cause qui seule pouvait y donner lieu viendrait à s'éteindre, et que le retour d'une paix conquise par nos victoires, devait être, dans la session suivante, le signal éclatant des hostilités de la Chambre. L'instinct de la conservation a seul agi sur le ministère dans ces circonstances. Il a cassé la Chambre pour ne pas être cassé par elle. « Les ministres n'ont plus voulu de « la Chambre, a dit un écrivain déjà cité, « parce que la Chambre ne voulait plus « d'eux (1). »

Le renouvellement du dernier cinquième, nommé sous l'influence de la loi du 5 février, *menaçait* de renforcer le parti hostile de la

(1) *Les Scrupules d'un électeur*, page 19.

Chambre de quelques membres de plus. Ce résultat si doux aux royalistes, heureux d'y voir une assurance de plus de la prospérité de la France, devenait amer pour les ministres, qui n'y voyaient que la perte certaine de leurs places. *Transeat à me calix iste*, a dit le ministère, et l'ordonnance du 24 décembre a été publiée ; et la France, qui n'avait qu'à suivre tout uniment la carrière brillante de ses nobles destinées, a été livrée sans pitié aux chances d'un mouvement général qui pouvait les compromettre.

La question du renouvellement intégral n'a été évidemment qu'un prétexte dont il a bien fallu colorer une funeste mesure, qui s'attaquait au personnel de la Chambre, pour défendre le personnel du ministère.

De ce premier tort, dont le gouvernement sans doute fera justice, découle nécessairement un tort non moins grave, qui appelle sur les ministres qui s'en sont rendus coupables, la plus juste sévérité de la part de leurs accusateurs et de leurs juges constitutionnels.

Le motif qui a déterminé le ministère à faire casser la dernière Chambre, indique suffisamment quel a été son but en faisant appeler une nouvelle Chambre : il avait contre lui une majorité fixe ; il a voulu se procurer de fortes minorités pour en former une majorité flottante, qu'il pût faire mouvoir au gré de sa politique. Le seul fait de la dissolution d'une Chambre éminemment royaliste, appelait naturellement une autre Chambre qui ne le fût pas au même degré. Le succès, qui a mal secondé cette déplorable combinaison, n'ôte rien à son évidente réalité, et permet seulement d'en faire repentir les imprudens auteurs.

On voulait obtenir une Chambre que l'on pût soumettre au mouvement de la bascule ministérielle ; la force des choses seule a trompé de coupables calculs : voilà tout.

On avait jugé d'avance les dernières élections par le souvenir des élections précédentes, et l'on avait cru pouvoir se promettre un mélange de choix tel qu'il pût remplir l'objet que l'on s'était proposé. On s'est cru même si riche sous ce rapport, qu'on a pensé peut-être devoir neutraliser, partiellement à la vérité, dans le sens royaliste, des élections que, dans les illusions qu'on s'était faites, on pouvait craindre de voir trop tourner dans le sens contraire ; car on n'aurait pas moins été fâché de voir arriver en masse des députés d'une opinion opposée, que des députés d'une opinion royaliste, le ministère redoutant par dessus toutes choses toute opinion dominante dans la Chambre, qui pourrait soumettre la conduite ministérielle à une surveillance fâcheuse au despotisme de l'administration. Dans le chapitre que nous avons consacré aux élections, on trouvera quelques particularités qui viendront à l'appui de ce que nous venons de rappeler. Dans le chapitre qui va suivre, nous nous étendrons sur quelques circonstances relatives à l'esprit dont les divers ministères ont été animés depuis la seconde restauration. Cette excursion nécessaire sur le domaine de l'histoire ministérielle, expliquera les fautes dont on s'est rendu coupable, et les mécomptes dont nous avons eu trop souvent à nous plaindre.

## CHAPITRE VIII.

### Du vice inhérent à tous les ministères qui se sont succédés depuis 1815.

« Les faux systèmes gâtent et perdent tout. « Mais qu'entends-je par de faux systèmes en « administration? J'entends tout ce qui est « contraire au principe des institutions éta- « blies, tout ce qui fait qu'une chose doit iné- « vitablement se détruire. Hé bien, depuis la « restauration, une grande et fatale erreur a « été constamment suivie : les ministères qui se « sont succédés ont marché sur les mêmes « traces, *avec les seules différences que les « caractères particuliers des ministres ap- « portent dans les affaires* (1). » Ajoutez : Et avec les différences aussi que la force des choses et la mobilité des circonstances obligent à mettre dans la forme, lorsque le fond est

(1) *De la Monarchie selon la Charte. — Mélanges politiques* (1816), page 843.

toujours le même, et M. de Chateaubriand nous aura fourni une définition complète du faux système qui, depuis la restauration, ou, pour mieux dire, depuis les cent-jours, n'a pas cessé un seul instant d'être suivi par les divers ministres sous lesquels la France a gémi.

Ce système, qui consiste à mettre les partis en présence, afin d'établir sur leurs divisions un pouvoir arbitraire, n'est pas nouveau dans l'histoire de la politique. La France en a été affligée bien avant notre désastreuse révolution, qui, en le recueillant dans le monstrueux assemblage de ses lâchetés et de ses crimes, n'a fait que l'emprunter à d'autres temps.

Il appartient aux têtes faibles, aux cœurs étroits, d'en faire la base de leur politique. On peut avoir beaucoup d'esprit comme particulier, et n'avoir pas le génie d'une personne d'État: dès lors, au lieu de s'occuper de l'intérêt général, qui réclame des devoirs austères et n'offre pour récompense que la gloire d'avoir bien fait, on réduit toute la politique d'un État aux combinaisons de l'intérêt personnel, combinaisons mesquines, que l'on juge assez fortes (parce qu'on les trouve très-fines) pour conquérir à jamais le despotisme, et qui présentent comme un dédommagement éventuel de la perte du pouvoir, la certitude d'amasser de grands biens à l'ombre de la puissance absolue qu'on s'est arrogée ; pauvres gens, qui s'imaginent que quelque chose puisse consoler d'une chute méritée, et que l'on apaisera les regrets rongeurs de l'ambition déçue !

Ce faux système dont Catherine de Médicis, et plus tard le Directoire, ont fait de si tristes essais, a été remis en pratique depuis la seconde restauration, non pas, comme on l'a cru sur quelques apparences, par ce trop fameux Fouché, dont la déplorable célébrité a bien assez des fautes qui lui appartiennent, mais bien par un homme qui, dans ce moment décisif, se trouvait à la tête des affaires publiques. Fouché ne fut, entre les mains du chef du ministère, qu'un instrument dont celui-ci voulut se servir pour mettre en jeu le système de balancement des partis, qu'il trouvait admirable par les raisons que nous avons dites.

Afin de mettre les partis en présence et d'engager entre eux un combat d'où l'on attendait le despotisme ministériel, on commença par créer des partis, vu qu'il n'y en avait pas. En effet, la révolution vaincue et toute honteuse encore d'une trahison qui ne lui avait point réussi, ne cherchait qu'à se faire oublier, et laissait, par la force des choses, la légitimité s'occuper sans contradiction du bonheur de la patrie. Il fallut donc ranimer la révolution par des encouragemens et presque des récompenses, et affaiblir la légitimité par des actes réitérés de criante injustice, et presque d'oppression, de telle sorte que l'une et l'autre pussent se mouvoir par des forces égales ; et l'on sent combien une telle opération, où il y avait tant à faire pour les vaincus, et tant contre les vainqueurs, où il ne fallait rien moins qu'étendre la vérité sur le lit de Procuste, pour la réduire à la taille du vice, devait être douloureuse à la légitimité, doublement affectée des pertes sensibles qu'on lui faisait subir, et des concessions effrayantes prodiguées à son ennemie.

Dans un pays encore plein d'épouvante au souvenir des excès révolutionnaires, il était difficile néanmoins, sous le rapport moral, d'établir la balance égale entre les royalistes, forts de la présence du Roi et de la loyauté de leurs principes, et leurs adversaires, bien faibles avec des projets qu'ils n'osaient avouer et des doctrines qu'ils étaient obligés de déguiser. La légitimité dominait l'opinion par la force même de son existence, par l'autorité de son institution, et la nécessité naturellement sentie de son influence; la révolution ne pouvait donc acquérir aucune consistance par les choses; on lui en donna par les hommes : c'est ce qui explique pourquoi, sauf quelques modifications impérieusement commandées par la force des choses, on a vu les royalistes constamment rebutés, destitués, persécutés, et leurs adversaires maîtres privilégiés de tous les emplois.

Les ministres qui successivement ont cessé d'être, sont tous tombés devant l'opinion royaliste, et cela se conçoit; car un ministre qui aurait disparu devant l'opinion contraire, ne serait pas tombé seul; et jusqu'ici nous avons heureusement vu la légitimité, réduite à ses forces naturelles, lutter avec avantage contre l'influence ennemie du faux système suivi par l'administration. Une cause produite par les aberrations de ce ridicule système, a pu contribuer, avec la force morale de la légitimité, à sauver à la France un nouveau 20 mars : l'opposition faite par le parti qui pouvait enfanter une nouvelle catastrophe, n'étant que factice à l'égard de ministères qui lui ont tant accordé, et de qui le parti a toujours beaucoup attendu, ne pouvait avoir les mêmes résultats, que la résistance réelle opposée par les royalistes à une usurpation qui, dans sa marche aveugle et criminelle, compromettait le sort de la monarchie, et menaçait de plonger la France dans les horreurs d'une nouvelle révolution.

Les exploiteurs du système, gens tout personnels, et qui, tout ensevelis dans le calcul de leurs petits intérêts, n'ont jamais songé à ce qui pouvait regarder l'intérêt public, ne se sont jamais avisés sans doute de faire le calcul des oppositions et des résistances que le système devait produire, encore moins, nous aimons à le croire, de prévoir les dangers qu'il pouvait causer à la chose publique. Quoi qu'il en soit, l'homme *d'esprit* qui croyait avoir imaginé ce système, et qui était pressé de le mettre à bonne exécution, sentit fort judicieusement que la monarchie avait trop de vigueur pour qu'il n'y eût pas beaucoup à faire en faveur de la révolution presque mourante; aussi trouva-t-il qu'il ne fallait rien moins que le régicide pour balancer la puissance réelle de la légitimité. Le chef-d'œuvre de sa fine politique fut d'introduire l'assassin de Louis XVI dans les conseils de Louis XVIII, et le fruit qu'il en retira, d'être forcé presque aussitôt de quitter le pouvoir, que depuis il a vainement tenté de reprendre, et qu'il ne ressaisira jamais.

Le ministère Talleyrand et Fouché tomba; mais le système resta debout, quoique hésitant un peu devant une Chambre animée de l'amour le plus énergique du bien public. Quelques ambitions qui depuis se sont dévoilées, pouvaient sans doute se trouver cachées sous le voile des plus généreux sentimens, dans cette Chambre où les prétentions individuelles étaient étouffées au milieu de cet ensemble de volontés loyales qui dominaient l'assemblée; mais la Chambre *introuvable*, selon l'ingénieuse expression du plus auguste et du plus spirituel personnage de France, marchait franchement dans la route qui devait conduire à la plus grande splendeur de la monarchie et au développement nécessaire des libertés publiques. Elle signala les dangers du système, et se montra disposée à user de sévérité à l'égard d'un ministère qui, sous d'autres formes, continuait le ministère précédent, et déjà s'était délivré de la présence importune d'un ou de deux membres qui gênaient trop ses desseins. La session se termina dans un état de défiance réciproque. Le ministère redoutant le retour d'une Chambre qui devait mettre un terme à ses projets usurpateurs, prétexta le respect pour la Charte, comme depuis on a prétexté sa violation, et l'ordonnance du 5 septembre, qui semblait aussi n'avoir en vue que les institutions, repoussa, comme plus tard, le personnel de la Chambre, qui menaçait le personnel du ministère : comme aujourd'hui, le ministère cassa la Chambre, afin de n'être pas cassé par elle.

La nouveauté de la mesure en fit le succès. Au milieu d'une population surprise par un acte si extraordinaire, on put mieux qu'aujourd'hui obtenir des élections telles qu'on les désirait. Le ministère, tout puissant, se livra dès lors, sans trop de contrainte, à tous les développemens du système : il avait, dans la nouvelle Chambre, une majorité flottante; il put exercer un despotisme que n'aurait pas souffert une Chambre homogène.

Mais l'opinion, inquiète des funestes envahissemens du pouvoir ministériel, animée d'un mouvement général d'improbation, fit entendre ses plaintes, énergiquement exprimées par d'éloquens organes, au dedans et au dehors des Chambres. L'usurpation ministérielle, ébranlée par l'indignation, usée par le mépris, aurait croulé à l'ouverture de la session de 1819, si les chefs de l'opinion royaliste dans la Chambre, qui sans doute ne se croyaient pas encore en mesure de lui succéder, n'eussent accordé à M. Decazes les six douzièmes de confiance sur l'impôt, dont le refus, sans danger pour la chose publique, eût repoussé sans détour un ministère que ne soutenait plus aucune illusion, et qui lui-même ne comptait déjà plus sur sa fortune. La tribune a retenti de révélations qui signalent l'accord, dès cette époque déjà existant presqu'à découvert, entre le ministère réprouvé par l'opinion et des hommes qui depuis sont arrivés au pouvoir, où nous les avons vus, infidèles à leurs premiers principes, mettre en pratique dans le même but, quoiqu'avec des formes légèrement modifiées, les maximes contraires de leur secret allié. C'est aux accusateurs et aux juges constitutionnels des ministres à approfondir cette époque de leur histoire politique, qui, en leur dévoilant les détails d'un traité funeste dès ce moment même à la cause de la monarchie, leur donnera peut-être la clé d'une conduite ministérielle, qui n'a paru extraordinaire que parce qu'on a trop négligé d'en rechercher l'origine.

Enfin, le ministère Decazes fut ménagé dans les derniers jours de 1819; et le 13 février, la police laissa assassiner le duc de Berry. Le ministère tomba, et le système resta debout. M. Pasquier continua M. Decazes, comme M. Decazes avait continué M. de Talleyrand.

Ce simple résumé, dont l'exactitude ne saurait être contestée, établit jusqu'à l'évidence cette vérité prophétique, solennellement proclamée par M. de Chateaubriand en 1816, que « *les ministères qui se sont succédés*, jusqu'en 1821, *ont marché sur les mêmes traces*, s'appuyant sur de faux systèmes qui gâtent et qui perdent tout, c'est-à-dire sur tout ce qui est contraire au principe des institutions établies, sur tout ce qui fait qu'une chose doit inévitablement se détruire. » Examinons maintenant si la prophétie du noble pair ne s'étendrait point par hasard jusqu'à une époque plus éloignée que celle de la chute du dernier ministère, et si M. Pasquier, qui a continué M. Decazes, n'aurait point aussi son continuateur.

## CHAPITRE IX.

Explications nécessaires sur l'origine du ministère actuel, et sur la nature de ses actes en général.

Il n'est pas inutile de rappeler que les deux membres du présent ministère, autour desquels le reste du ministère s'est formé en 1821, faisaient partie depuis quelque temps du ministère Pasquier.

Dès l'ouverture de la session de 1820, l'opinion royaliste, fortifiée dans la Chambre des députés par des élections faites à l'ombre d'un berceau protecteur, éleva de vives et de légitimes prétentions qui firent pâlir le ministère, et l'engagèrent à traiter d'une capitulation dont deux chefs royalistes voulurent bien se rendre les négociateurs, et qui, en définitive, ne donna rien aux royalistes, qui étaient en droit et en pouvoir de tout obtenir.

Lorsqu'avec un peu de persévérance, l'opinion royaliste pouvait entrer tout entière à la direction des affaires publiques, les deux chefs en question, craignant peut-être que l'influence du ministère expirant n'écartât du futur ministère les plus hautes notabilités de l'ancienne opposition royaliste, et se croyant ainsi personnellement repoussés, n'eurent pas le courage de sacrifier leurs intérêts personnels au triomphe assuré de leur parti. Ils se prêtèrent à une combinaison réprouvée par leurs amis, dont l'habitude d'une vieille déférence parvint toutefois à vaincre les répugnances; et qui furent traînés ainsi à la suite d'une défection que repoussaient également et les lumières de leur esprit et le sentiment de leur dignité. Le ministère qui devait faire place à un ministère tout royaliste, resta tout entier avec son matériel de portefeuilles, et M. de Villèle, et M. de Corbière, lui furent adjoints comme simples membres du conseil, de compagnie avec celui qui avait donné le jour à la loi des élections du 5 février, et contresigné l'ordonnance du 5 septembre.

Les deux nouveaux ministres sans portefeuille, la veille députés entourés d'une haute considération, déclarèrent qu'ils sentaient bien ce qu'il y avait d'équivoque dans leur position, mais qu'on ne saurait trop faire pour l'objet de son dévoûment, et que vraiment ils se sacrifiaient pour la cause commune. Les uns les crurent, d'autres feignirent de les croire, le plus grand nombre se laissa entraîner, et le ministère Pasquier, ayant en queue MM. de Villèle, Corbière et Lainé, continua le jeu de la bascule ministérielle; donnant d'autant plus à la révolution, qu'elle était devenue plus faible, et d'autant moins à la légitimité, que chaque jour elle devenait plus forte et paraissait plus redoutable.

MM. de Villèle et Corbière ne s'étaient décidés, disaient-ils, à s'introduire de cette sorte dans le conseil, que *pour mettre le pied à l'étrier*, selon l'expression familière attribuée à l'un de ces messieurs. Ils prétendaient être entrés pour l'amour de leur parti; la suite ne tarda pas à prouver qu'ils n'avaient agi que pour leur propre compte. Ils avaient promis assistance et secours au ministère qui les avait admis dans son sein, et certes de ce côté il serait injuste de les accuser de trahison; jamais on ne s'est montré plus fidèle à ses promesses, ni plus reconnaissant d'un bienfait reçu, ni même plus identifié avec des collègues, dont à la vérité, par le seul fait qu'on arrivait en si petite minorité au milieu d'eux, il avait bien fallu se résoudre d'avance à partager toutes les opinions, à professer tous les principes, à soutenir tous les actes.

M. Corbière, soit qu'il fût moins habile à changer de langage, soit que, chargé du titre de ministre, il préludât déjà aux douceurs de cette aimable quiétude dont nous l'avons vu faire une sorte de maxime d'État, lorsque la France a eu le bonheur de le compter au nombre des ministres en pied, soit par tout autre motif dont le temps peut-être nous dévoilera la finesse, M. Corbière resta absorbé dans son demi-portefeuille de l'instruction publique, et ce fut bien rarement qu'il fit entendre, dans l'intérêt de ses nouveaux amis, les faibles accens d'une voix qui souvent avait tonné contre les déplorables aberrations et les funestes conséquences de leur faux système.

Il n'en fut pas ainsi de M. de Villèle. Jamais la Chambre ne l'avait vu plus actif, plus caressant, plus séducteur qu'il le fut pendant cette trop fameuse session, où la persévérance de son attitude, non moins que l'inépuisable variété de ses raisonnemens, ne contribuèrent pas peu à faire passer des mesures dont le vote était au moins extraordinaire dans une telle assemblée, et notamment cette loi des donataires, où les droits de la justice et les besoins de la cause que M. de Villèle avait naguère défendue avec tant de bonheur, furent si impitoyablement méconnus. Avant d'être généreux envers une classe de citoyens dépouillés par la conquête de ce que la conquête leur avait donné, uniquement, nous aimons à le croire, comme une récompense des plus nobles travaux, il fallait être juste à l'égard de ces hommes dépouillés par l'injustice, et qui réclament en vain des ministres du Roi légitime le prix des biens que l'illégitimité leur a cruellement ravis, en punition de leur dévoûment et de leur fidélité.

Puisqu'on voulait changer en loi la célèbre proposition faite en 1814 à la Chambre des pairs par un illustre maréchal, autant valait, ce nous semble, ne pas diviser cette noble proposition, et surtout n'en pas abandonner précisément la partie dont l'exécution devait donner du pain aux immortels soldats de Condé, aux vieux compagnons de l'exil de notre Roi. Assurément c'est une preuve trop éclatante de leur *conversion*, un gage un peu trop significatif de la foi jurée à leur nouvelle alliance, que MM. de Villèle et Corbière se sont crus obligés de donner dans cette circonstance, en délaissant d'une manière si tranchante et sur un point si décisif, les intérêts de la légitimité, de la justice et du malheur, dont la généreuse défense avait fondé leur illustration.

On peut se demander comment M. Corbière avait pu oublier la belle profession de foi, le noble appel à la justice publique qu'il avait fait entendre quelques mois avant (1), comme député, à cette même tribune devant laquelle, plus tard, comme ministre, il devait passer pour déposer dans l'urne la boule fatale, qui frappait d'un dédaigneux oubli des infortunés dont il avait si bien peint la dignité, et des droits dont il avait si éloquemment proclamé la justice. On peut se demander comment M. de Villèle avait perdu entièrement la mémoire d'un petit écrit imprimé en 1814 : dans cet écrit, à la vérité, M. de Villèle voulait absolument que l'on rendît aux anciens propriétaires leurs biens injustement confisqués. M. de Villèle allait plus loin qu'il ne fallait peut-être; sans doute que dans le temps on lui aura fait quelque reproche de cette excessive chaleur, et tout porte à croire qu'il s'en est corrigé; mais aujourd'hui il a l'air de ne pas vouloir même de la restitution du prix de ces mêmes

(1) Séance de la Chambre des députés du 1er juin 1820.

biens qu'il voulait absolument qu'on rendît en nature : il faut convenir aussi qu'il s'est un peu trop corrigé.

Toute cette conduite que tinrent pendant cette session les deux ministres qui aujourd'hui ont tant d'autorité dans un ministère formé ou modifié sous leur influence, mène naturellement à les suivre dans cette fameuse crise ministérielle du mois de novembre 1821, qui eut pour résultat la singulière élévation de MM. de Villèle et Corbière à la place de ces mêmes ministres, à la fortune desquels ils s'étaient si étroitement attachés.

« Qu'un homme de talent et de probité, a « dit M. de Chateaubriand, se trouve, non par « contradiction, mais par conviction, opposé « aux ministres, il obtiendra dans les deux « Chambres et dans la France entière une pré- « pondérance que tout le poids de la couronne « pourrait seul balancer (1). »

Cet homme de talent et de probité se rencontra dans la Chambre des députés, à l'ouverture de la session de 1821. Il reconnut les dispositions de la Chambre, s'assura que les opinions actives y étaient également fatiguées du des-

(1) *Réflexions politiques*, publiées en 1814, page 189 de l'édition des *Mélanges politiques*.

potisme ministériel, provoqua, par le double ascendant de son éloquence et de sa conviction, l'alliance des hommes qui veulent la liberté avec la monarchie, et de ceux qui du moins se soumettront à la monarchie par rapport à la liberté; et de cette combinaison remarquable par les sentimens généreux qu'elle développa, il fit sortir le vote d'une adresse, qui tôt ou tard devra former la base d'une réconciliation sincère entre les honnêtes gens de toutes les opinions.

Il est essentiel de rapporter ici dans son entier cette pièce importante, dont ceux qui ont profité de ses résultats ont tellement méconnu les principes tout français, qu'ils en sont venus au point de ranger son auteur au nombre de leurs adversaires, et de le traiter en ennemi.

« Sire, disaient les députés dans cette im-« mortelle adresse, vos fidèles sujets les dépu-« tés des départemens, viennent apporter au « pied du trône l'expression profonde de leur « dévoûment et de leur respect, heureux de « pouvoir y joindre celle de la vérité, qu'un « Roi légitime est seul digne d'entendre. — « Vos douleurs, Sire, ont été les douleurs de « toute la France : elle se console avec son Roi

« sur le berceau sacré où repose l'héritier de « notre amour et celui de vos exemples. Cet « enfant accomplira les promesses de sa nais- « sance et les vœux de votre tendresse ; il croî- « tra sous vos yeux pour la félicité publique, « et, plein de votre esprit, il réunira tous les « cœurs. — Nous nous félicitons, Sire, de vos « relations constamment amicales avec les puis- « sances étrangères, dans la juste confiance « qu'une paix si précieuse n'est point achetée par « des sacrifices incompatibles avec l'honneur « de la nation et la dignité de votre couronne. « — Les regards bienfaisans de Votre Majesté « s'étendent sur tous les malheurs qui affligent « l'Europe. L'étranger, comme le Français, « bénit la main protectrice qui les adoucit « pour l'honneur de l'humanité. Que la reli- « gion, que les intérêts des peuples pèsent de « tout leur poids dans la balance d'une politi- « que généreuse, et ces malheurs trouveront « leur terme. — Grâces soient rendues, Sire, « à votre prévoyance tutélaire! Nos frontières « ménacées l'invoquent dans leur péril; elles « sollicitent les mesures les plus fortes et les « plus sévères pour fermer tout accès à la con- « tagion. — La perspective de notre situation « intérieure; les progrès de l'industrie et des

« arts; la vie nouvelle promise au commerce « par des communications plus faciles; les ri« chesses du Trésor public qui accroissent « notre crédit; la réduction progressive de « l'impôt, que des économies plus étendues « allègeront encore; l'espérance de sortir du « provisoire, et les premiers pas faits, sous vos « auspices, vers un système régulier d'admi« nistration; l'ordre et la discipline d'une ar« mée fidèle, que l'honneur et l'amour du Roi « attachent invinciblement à ses drapeaux; « tous ces traits réunis, Sire, forment un ta« bleau de bonheur général bien fait pour tou« cher le cœur paternel de Votre Majesté. — « Organes de la reconnaissance et de la piété « filiale de vos peuples, nous ne craignons pas « de diminuer une joie si pure, en faisant par« ler au pied du trône les plaintes respec« tueuses de l'agriculture, cette nourrice fé« conde de la France. Sa détresse, toujours « croissante dans nos départemens de l'est, de « l'ouest et du midi, accuse l'insuffisance des « précautions tardives opposées à la funeste « introduction des blés de l'étranger. — Un « intérêt non moins pressant touche aux pre« miers besoins de vos peuples. Pleins de ces « sentimens généreux que Votre Majesté a su

« lire dans les cœurs, ils réclament le com-
« plément de vos bienfaits ; ils attendent ces
« institutions nécessaires, sans lesquelles la
« Charte ne saurait vivre. Ils demandent à son
« immortel auteur que l'ensemble de nos lois
« soit mis en harmonie avec la loi fondamen-
« tale. — Alors, Sire, tous les vœux de Votre
« Majesté seront accomplis ; les passions se
« calmeront d'elles-mêmes, les défiances s'é-
« vanouiront. — L'esprit monarchique et cons-
« titutionnel, qui est l'esprit de la France, ar-
« rivera sans effort à cette unité de vues que
« votre haute sagesse nous recommande. Un
« gouvernement constant dans ses principes,
« ferme et franc dans sa marche, assurera la
« gloire et la stabilité de ce trône, appelé si
« noblement par Votre Majesté le protecteur
« de toutes les libertés publiques. »

On peut se rappeler encore de l'effet magique que cette adresse produisit sur l'opinion. Le ministère eut beau s'interposer entre le Roi et la Chambre, pour armer contre elle d'augustes préventions ; il eut beau essayer le sacrilége de se servir de l'inviolabilité royale comme d'un bouclier sacré dont il aurait voulu couvrir ses usurpations, la loyauté de la Chambre fut plus forte que l'évidente mauvaise foi du ministère, la vérité plus puissante que le mensonge; le ministère fut renvoyé.

L'ordre des choses voulait que le nouveau ministère fût composé d'hommes pris dans le nombre de ceux qui avaient fait tomber l'ancien. Mais depuis long-temps il était malheureusement d'usage en France que, tandis qu'un ministère venait de tomber devant l'opinion, le ministère en remplacement fût élevé par une coterie; et dans cette circonstance importante, où toutes les fausses idées semblaient néanmoins avoir été vaincues, l'usage fut maintenu : les votans de l'adresse furent écartés, et leurs adversaires, c'est-à-dire ceux qui jusqu'au dernier moment avaient soutenu le ministère tombé, qui avaient traité de factieux l'auteur de l'adresse et ses énergiques amis, formèrent le nouveau ministère, sauf quelques exceptions, dont on a su depuis se débarrasser; ce qui explique comment nous avons vu depuis ce nouveau ministère *marcher sur les traces* de l'ancien, et M. de Villèle continuer M. Pasquier, comme M. Pasquier avait continué M. Decazes, comme M. Decazes avait continué M. de Talleyrand.

## CHAPITRE X.

Comment, après l'abandon des anciens principes de la droite, le ministère actuel a pu conserver, dans les dernières sessions, une majorité composée en partie de ses anciens amis.

Il fallait une majorité à ce ministère, et il l'obtint par les mêmes moyens qui avaient été employés précédemment, lorsque MM. de Villèle et Corbière étaient entrés dans le conseil, à la suite du ministère Pasquier. On eut même d'autant plus d'avantage dans cette nouvelle circonstance, qu'on put croire les intentions des ministres influens plus franches, et leurs promesses plus loyales. En effet, ayant la faculté, dès ce moment, de se former dans le conseil une majorité, une unanimité même, pour le triomphe des principes d'amour du bien public, si noblement professés par la droite, le ministère pouvait rendre excusable, jusqu'à un certain point, la bonne opinion que les royalistes se formèrent de ses actes, et la confiance aveugle qui soumit à l'influence de M. de Villèle une immense majorité. Les motifs de cet accord général de l'ancienne droite en faveur du ministère variaient seulement à l'infini.

Les uns fatigués du rôle stérile qu'ils jouaient depuis quatre ans dans une opposition fort noble sans doute, s'empressèrent de saisir le premier prétexte honorable offert à leur lassitude, et même à leur ambition : on ne se rendait pas précisément bien compte de la conduite ministérielle de M. de Villèle ; mais dans l'espèce d'incertitude où l'on feignait de se trouver, que pouvait-on faire de mieux que de se livrer à la direction d'un homme qui avait joui si long-temps de l'estime de la Chambre, et qui bien certainement ferait le bien, puisqu'il en avait la puissance ? D'autres, ou connaissaient imparfaitement les détails de la défection récemment solennelle des ministres influens, ou les connaissant, n'en avaient point saisi toute la difformité, ou furent séduits par les promesses de ministres tout puissans, qui ne demandaient qu'un peu de temps pour avoir le moyen de réparer les plaies faites à la monarchie par les précédens ministères, ou bien, et ce motif détermina le plus grand nombre, tout tremblans de la peur qu'on leur faisait de la gauche, ils ne trouvèrent rien de mieux que de se jeter sans condition dans les bras de ministres sortis de leurs rangs.

Enfin, il n'y eut point de dissidence dans le côté droit à l'égard du ministère, dont on oublia trop tôt l'origine équivoque, et que d'abord on ne suivit pas avec assez de vigilance dans le cours tortueux de sa politique de déception. M. de la Bourdonnaye et ses illustres amis secondèrent avec une trop confiante générosité une administration dont il était facile de reconnaître l'esprit et de signaler les projets, sous le voile de vieille affection dont les ministres influens se couvraient encore vis-à-vis les royalistes. L'immortel auteur de l'adresse, celui qui d'un bras vigoureux avait fait tomber l'ancien ministère et fortement ébranlé le système ministériel, M. de Lalot, de qui, malgré son excessive désintéressement, l'on n'a pas rougi de dire que l'ambition personnelle avait été l'unique mobile de sa conduite, M. de Lalot lui-même, sans doute afin de ne pas donner la moindre prise à cet injuste reproche, qui eût blessé sa craintive délicatesse, M. de Lalot se confondit, avec la docilité d'un enfant, dans les rangs ministériels, et fit taire une voix éloquente, que l'opinion eût aimé à entendre rappeler au ministère ses devoirs, et au besoin, le faire repentir de les avoir méconnus. La longanimité de MM. de la Bourdonnaye, de Lalot, et de leurs amis, aura toutefois produit cet avantage, de laisser sans excuse des ministres à qui, pendant si long temps, on a prêté sans restriction tous les secours propres à leur rendre facile le bien qu'ils auraient eu la volonté de faire.

Un incident qui survint dans la Chambre, au sujet d'une phrase jugée criminelle, vint augmenter encore la force du ministère. Il nous semble que, dans cette occasion mémorable, les rôles furent déplacés, et il résulta de ce vice de position, des inconvéniens dont les moindres peut-être furent d'avoir violé les lois existantes, et créé une jurisprudence, dont les formes arbitraires et tranchantes sont désormais à la disposition de quiconque aura une majorité dans la Chambre, contre quiconque ne l'aura pas.

L'art. 52 de la Charte, qui donne aux ministres la faculté de demander à la Chambre la permission de poursuivre un de ses membres, dans certains cas, fournissait le seul moyen légal, et le seul que sous ce rapport, et sous d'autres points de vue non moins importans, il fût convenable d'employer pour la punition d'un délit que rien n'autorisait ni n'invitait la Chambre à punir elle-même, et dont elle pouvait réclamer la sévère répression du ministère chargé, sous sa responsabilité, de l'exécution des lois. La Chambre, qui agit en toutes choses par voie de contrôle, et à l'égard des ministres seulement par voie d'accusation, aurait eu sur-le-champ la ressource constitutionnelle de l'accusation d'un ministère qui n'aurait pas fait son devoir, en s'abstenant de lui demander la permission de poursuivre le coupable par les voies ordinaires. De cette sorte, les deux côtés de l'assemblée n'eussent point offert le pénible spectacle d'une lutte qui ne pouvait avoir d'autre résultat que de diviser la Chambre au profit du ministère, témoin impassible du combat; et s'il y avait eu quelque chose de compromis dans le mouvement régulier des formes voulues par la Charte et les lois, et justifiées par la prudence la plus commune, c'eût été le ministère qui n'aurait pas fait, ou qui aurait mal fait son devoir. La Chambre divisée, maintint et augmenta la force déjà excessive du ministère.

A ces divers motifs, qui long-temps ont tenu tout le côté droit de la Chambre sous l'influence du ministère, il en est un que nous avons déjà fait connaître : c'est celui de la considération de la guerre d'Espagne, qui fit sentir le besoin de l'union, et suspendit les hostilités, que dès la dernière session les royalistes de la Chambre paraissaient disposés à diriger contre des ministres, sur la politique desquels il était impossible de se faire désormais aucune illusion.

On peut même dire que dans les momens même où le ministère a paru le plus fort de son influence sur les Chambres, cette majorité était de convention, et nullement de conviction ; mais enfin, c'était une majorité dont le ministère a pu se servir pour l'intérêt général, et qu'il lui était, dans ce sens honorable, si facile de conserver pour le maintien de son influence.

## CHAPITRE XI.

### Que le ministère a usé et abusé de la tolérance accordée à ses actes.

Le ministère, qui pouvait faire le bien, ne se servit malheureusement d'une force empruntée à la bienveillance des Chambres, que pour suivre la chimère du système qui promet le despotisme, et finit par ne laisser que des regrets inutiles. Il temporisa quand il fallait agir ; il promit beaucoup pour la restauration de l'esprit monarchique et le complément nécessaire de nos institutions, et il ne tint rien. Enfin, sa politique fut une mystification soutenue, dont les royalistes ont été les victimes après en avoir été les dupes. La révolution, plus que jamais encouragée, n'eut qu'à se couvrir du masque de l'hypocrisie, pour rester toute puissante ; la légitimité, froissée par l'abandon maintenu de ses principes, par le mépris faiblement déguisé de ses besoins les plus impérieux, par les dégoûts, les perfidies, les persécutions même prodiguées à ses défenseurs, n'eut bientôt plus d'autre appui que dans cette opposition contre nature, dans ce mécontentement de la vertu indignée, que le souvenir des anciens principes et des anciennes amitiés des ministres influens, n'a fait que rendre plus extraordinaires et plus douloureux. Au lieu de rallier les diverses opinions dans l'intérêt commun de la prospérité publique, on a continué, on a perfectionné ce système tout personnel qui tend à mettre les partis en présence, dans l'intérêt de quelques prétentions individuelles. Le despotisme ministériel s'est constitué plus oppresseur sous des formes en apparence moins oppressives. On a feint le royalisme, et l'on a cruellement repoussé les royalistes; on a parlé de noblesse, de générosité, de grandeur d'âme, et l'on a porté l'avilissement de l'espèce humaine à son plus haut degré, en faisant, sauf certaines exceptions commandées par la nécessité, de la renonciation la plus entière à d'anciens principes, de l'abnégation la plus absolue de son propre jugement, les conditions *sine quâ non* de l'avancement et de la fortune; on a laissé la liberté proclamée dans les lois, et on l'a étouffée par les moyens les plus honteux et les plus perfides; enfin, diviser pour dominer, tromper pour diviser, corrompre pour tromper, telle est l'affligeante série de désolantes maximes, qui paraît former la base d'une conduite ministérielle dont nous avons montré l'origine, l'esprit et les desseins, et qu'il nous reste à signaler dans les faits qui lui sont propres.

## CHAPITRE XII.

Ce que le ministère actuel était appelé à faire, et qu'il n'a pas fait.

Le ministère sorti des rangs de ces royalistes proscrits par l'ordonnance du 5 septembre, était appelé à casser cette ordonnance désorganisatrice, que le ministère avait fait rendre afin de donner à la révolution toute la force qu'elle ôtait à la légitimité ; il lui était commandé d'en condamner les principes et d'en effacer les conséquences, de rétablir la pureté des doctrines politiques qu'elle avait ternie, de remettre partout les choses et les hommes au point où elle les avait trouvés, en profitant pour la splendeur de la monarchie, pour l'amélioration de nos institutions et dans l'intérêt des amis reconnus de l'ordre légitime et de la liberté légale, des leçons fournies par l'expérience, et des connaissances positives acquises par une longue et douloureuse épreuve.

Sous le rapport des hommes, il fallait éloigner des emplois ceux qui avaient secondé le système de la fameuse ordonnance, y rappeler ceux-là que le système en avait écartés, ministres, directeurs-généraux, administrateurs supérieurs et inférieurs et préfets, et y faire entrer en général toutes les notabilités royalistes. Qu'a-t-on fait? Quelques-uns seulement sont rentrés, peu ont été nouvellement introduits; et ce petit nombre de nominations commandées par la force des choses, dont il fallait bien un peu contenter les exigences, ou s'est vu appelé avec les formes de la répugnance et de la contrainte, ou a été obligé de se soumettre à des conditions plus ou moins impérieuses.

Mais en général, la masse des injustices est restée debout, accusant l'incurie systématique du ministère; et ce qu'il y a de plus criant, c'est qu'en général on n'a pas même réparé celles dont la réparation était le plus facile. Nous pourrions citer ici une foule de noms honorables, dont les plus illustres trouveront leur place dans le cours de cet ouvrage, et que le système semble avoir condamnés à un éternel oubli. Un seul va suffire, et pourra nous fournir un exemple assez frappant d'une injustice qui, étant volontairement une confirmation, une sorte de récidive d'une première injustice, donnera une idée exacte de l'esprit dans lequel le ministère organise le personnel de l'administration, et combien il se montre l'approbateur et le continuateur du système qu'il était de son devoir de répudier et d'anéantir.

Le ministère actuel ne tenait que depuis peu de temps les rênes de l'Etat, lorsque la place de directeur-général des postes devint vacante par la retraite de M. Dupleix de Mezy. Tout rappelait M. le marquis d'Herbouville à cet éminent emploi, qu'il avait rempli avec le talent le plus élevé de l'administrateur et le dévoûment le plus pur du sujet fidèle; rien ne semblait devoir l'en écarter. Les mêmes principes, les mêmes sentimens qui avaient motivé la proscription administrative de M. d'Herbouville, lorsque le ministère de M. Decazes était debout, semblaient devoir provoquer et justifier sa réhabilitation, depuis que M. Decazes était tombé.... Il ne fut pas même question de M. le marquis d'Herbouville, de la part du ministère, et M. le duc de Doudeauville fut nommé à sa place.

Il n'entre point dans notre sujet ni dans

notre intention d'examiner cette dernière nomination en elle-même; mais nous devons la juger par comparaison avec celle qui aurait dû avoir lieu, et sous ce point de vue du moins, elle ne saurait être justifiée : car bien certainement M. le marquis d'Herbouville n'est pas moins serviteur éprouvé du Roi, n'aime pas moins la monarchie, n'est pas moins dévoué à nos institutions que M. le duc de Doudeauville; il n'a pas le caractère moins ferme et moins franc, il n'a pas moins d'expérience des affaires, ni moins d'esprit que M. le duc, et M. d'Herbouville avait sur M. de Doudeauville l'immense avantage, que le ministère paraît au surplus avoir considéré comme un obstacle, d'offrir dans sa personne une grande injustice à réparer, et l'opinion royaliste à satisfaire. Allez du grand au petit et du petit au grand, et vous aurez la mesure de ce qu'a fait le ministère sous le rapport des hommes.

Le ministère avait beaucoup à faire à l'égard des personnes, et l'opération était simple; les renseignemens ne lui manquaient pas. Anciens chefs de l'opposition royaliste, les ministres influens avaient été convenablement placés pour connaître la valeur des hommes. Le ministère appelé à casser l'ordonnance du 5 septembre, n'avait pas moins à faire, et ne pouvait pas moins sous le rapport des choses; il avait à renverser les fausses mesures qui en étaient nées, et à travailler aux améliorations qu'elle avait repoussées ou suspendues.

Il fallait donc rendre au Roi l'intégrité de sa prérogative, affaiblie par les dispositions législatives sur l'avancement de l'armée; à MONSIEUR, le commandement de la garde nationale, dont l'héritier présomptif avait été dépouillé par le même esprit de conspiration contre la légitimité du trône, qui animait les infâmes *correspondances privées ;* il fallait ouvrir à cet auguste prince et à son héroïque fils les portes du conseil, et donner aux princes en général la faculté de siéger comme pairs dans la première Chambre. Rien de tout cela n'a été fait; et cependant que dire d'un ministère qui laisse subsister cet état de choses dans l'ordre le plus élevé de la société politique, sinon, ce qui est vrai, qu'il a pris sous sa sauvegarde, et qu'il continue à son profit le système, criminel auteur de ces actes réprouvés par l'opinion, et qu'il est décidé à le suivre dans toutes ses conséquences, sans qu'aucune considération puisse l'arrêter, ni ce que réclament les besoins des principes généreux et conservateurs dont il était appelé à faire la loyale application, ni ce qu'il doit de respect aux droits les plus sacrés, et de véritable déférence aux personnes les plus augustes.

Il fallait remplir le vœu des lois votées dans la mémorable session de 1815, contre laquelle s'était armée l'ordonnance du 5 septembre, de ces lois dont un digne ministre avait conçu la patriotique pensée, et dont sans doute la Providence le destine à remplir le noble objet; de ces lois réparatrices qui avaient pour but d'offrir partout aux regards du peuple français, sur nos ponts et sur nos places publiques, les images vénérées de nos bons Rois et de nos grands hommes. Sur cette place *de la Révolution*, où des tigres à face humaine, qui se disaient la nation française, firent couler par la main du bourreau le sang du juste, le sang de notre Roi, il fallait se hâter d'élever enfin ce monument expiatoire, dont la vue instructive et touchante, en rappelant l'atrocité du crime, doit rappeler aussi et les horribles doctrines qui l'ont enfanté, et les erreurs et les faiblesses des dépositaires du pouvoir royal, complices éternels des mauvaises doctrines; il fallait se hâter de dresser ce terrible épouvantail pour les novateurs et pour les ambitieux, dont le seul aspect doit frapper de mort la révolution, remplir de force et de vie la légitimité, et qui peut-être aura la puissance de répandre un salutaire effroi dans l'âme de ces hommes chargés de la direction des affaires publiques, assez aveugles pour ne pas voir que les aberrations de leurs petits projets personnels peuvent renverser les trônes, et livrer une nation au bras impitoyable des proscripteurs et au désordre ensanglanté des révolutions populaires.

Voilà ce que le ministère actuel était appelé à faire, et ce qu'il n'a pas fait, seulement en ce qui touche aux choses proscrites par l'ordonnance du 5 septembre, dans l'intérêt de la révolution et pour la plus grande gloire du système de balancement entre la révolution et la légitimité. Il nous reste maintenant à signaler tout ce que le ministère était appelé à faire et qu'il n'a pas fait, pour le redressement de quelques injustices, le perfectionnement de nos institutions incomplètes et l'établissement des institutions qui nous manquent. La coupable incurie du ministère à cet égard s'explique toujours par les mêmes motifs : si, depuis que l'on est ministre, on s'est montré si négligent à mettre en pratique les théories d'améliorations nécessaires, que l'on développait avec tant de persévérance lorsque l'on était simple député, c'est que sans doute on a trouvé incommode d'opposer des entraves à un despotisme qu'on trouvait fait pour être comprimé chez les autres, mais qu'on juge fort tolérable depuis qu'on a le plaisir de l'exercer pour son propre compte.

## CHAPITRE XIII.

De quelques grandes mesures d'ordre, de justice et d'intérêt public, réclamées par les besoins les plus légitimes, et que le ministère a repoussées, négligées ou méconnues. Suite du chapitre précédent.

Le besoin de mettre au complet les institutions dont le principe se trouve dans la Charte, commande impérieusement l'obligation des grandes mesures d'ordre, de justice et d'intérêt public, que nous allons signaler à grands traits.

La première de ces grandes mesures monarchiques et constitutionnelles touche à ce qu'il y a de plus éminent dans notre ordre politique. La Charte, article 74, s'exprime ainsi : « Le « Roi et ses successeurs jureront, dans la so- « lennité de *leur sacre*, d'observer fidèlement « la présente Charte constitutionnelle. » Nos anciennes coutumes, les usages de tous les peuples, l'influence religieuse qui doit présider à la Constitution des Etats, la nécessité de placer sous la protection de celui de qui relèvent les rois, la couronne de saint Louis et du Roi-martyr, et de consacrer le trône français aux yeux du monde, après une révolution qui l'a couvert d'humiliations et de sacriléges, tout fait depuis long-temps un devoir d'une solennité, qui doit frapper d'une empreinte divine une restauration qui jusqu'ici ne s'est manifestée que par les formes d'une politique purement humaine, et à qui toutefois l'intérêt de sa conservation fait un besoin essentiel du retour le plus éclatant et le plus prompt aux pensées les plus élevées. On dirait que nous voulons proscrire Dieu de notre politique, comme nous l'avons mis hors de nos lois; il est temps enfin que ces idées bizarres et désordonnées fassent place aux véritables idées d'ordre et de sociabilité.

Plus nous placerons la majesté royale au-dessus de nos passions et de nos intérêts, et plus aussi nous aurons assuré la stabilité de l'Etat et la prospérité de la patrie. Les anciennes coutumes du royaume reproduites en ceci comme en d'autres points importans, dans la Charte de 1814, veulent qu'à côté de la personne du Roi, consacrée par nos mœurs et proclamée dans nos lois comme inviolable et sacrée, il y ait un élément responsable des actes du pouvoir royal, qui soit une garantie de fait de l'inviolabilité et de la majesté royales. Les ministres du Roi doivent donc être réellement responsables, afin d'accorder ce que réclame l'intérêt public avec ce que l'on doit de respect et d'amour au Roi, de qui émane tout le bien, et à qui le mal est étranger. Pour satisfaire à ces deux puissans intérêts, et, d'un autre côté, afin de donner aux ministres toutes les marques de considération et tous les gages de sécurité qu'exigent la considération de la haute confiance dont ils sont revêtus, et l'importance des devoirs difficiles qu'ils ont à remplir, il devient indispensable de déterminer, selon le vœu de l'art. 56 de la Charte, les formes de procédure applicables à la poursuite des délits ministériels. En écartant la loi commandée à ce sujet par la Charte, les ministres se sont exposés au reproche capital de vouloir éluder leur responsabilité, et se sont ainsi rendus coupables d'un délit réel, tout en se privant d'une sauvegarde : car les ministres devraient savoir qu'il suffirait d'un acte d'accusation dans la Chambre des députés, pour établir, par des analogies, des formes d'accusation, de poursuite et de jugement, plus sévères probablement que celles qu'une loi aurait réglées d'avance. C'est donc autant dans l'intérêt des ministres, que pour réclamer les conséquences régulières d'un principe constitutionnellement proclamé, que nous demandons la loi si souvent promise de la responsabilité ministérielle, pour l'exercice, dans tous les cas incontestable, des droits d'accuser, de poursuivre et de juger, attribués solennellement aux Chambres par l'art. 55 de la Charte. Ce sont à la fois des garanties dont nous regrettons de voir les ministres privés, et un devoir que nous leur reprochons de n'avoir pas rempli.

Ce sera avec plus d'autorité que l'on demandera compte aux ministres de ce qu'ils n'ont pas fait pour le clergé, pour qui cependant il y avait tant à faire, et à l'égard de qui l'on avait droit de s'attendre que les ministres rempliraient les obligations imposées à ce sujet, par les besoins de la monarchie et l'esprit de nos institutions. La Charte, par son article 5, accorde à tous les cultes la même protection; par son article 7, elle dispose néanmoins que les ministres des cultes chrétiens recevront seuls des traitemens du Trésor royal; et par son article 6, elle déclare que *la religion catholique, apostolique et romaine est la religion de l'État.* La conséquence immédiate de ces dispositions législatives est bien certainement la nécessité, sauf la protection et les rétributions particulières accordées à d'autres cultes, de constituer la religion de l'État, de manière à satisfaire aux besoins de la société en France, et à remplir le but du royal législateur. Les ministres actuels sont d'autant plus coupables de n'avoir pas exécuté, sur ce sujet important, les devoirs prescrits à tout ministre du fils aîné de l'Eglise, que les plus influens d'entre eux, en se montrant indifférens à cet égard, ont manifestement trahi les engagemens les plus sacrés, pris dans l'occasion la plus solennelle. En effet, MM. de Villèle et Corbière s'exprimaient ainsi le 20 janvier 1816, avec leurs honorables amis de cette époque, dans la célèbre *déclaration des principes de la majorité de de la Chambre de* 1815 : « Nous pensons « que les nouvelles institutions doivent être « replacées sur les bases anciennes et immuables de la religion et de la morale. C'est ainsi « que nous voulons donner au clergé une honorable indépendance, l'administration des « biens ou des revenus qui peuvent la lui

« assurer ; enfin une existence civile, et en « même temps l'associer aux intérêts les plus « chers de l'Etat, en lui faisant prendre part « à l'éducation publique, à l'administration « des établissemens consacrés au soulagement « et au bien de l'humanité. ». — « Tant que la « religion ne possédera rien en propre, a dit « M. de Chateaubriand (1), elle se montrera « toujours aux yeux de la foule sous la forme « d'un impôt, et non avec les charmes d'un « bienfait....... Qu'est-ce, en effet, que des « prêtres salariés ? Que peuvent-ils être pour « le peuple, sinon des mercenaires à ses ga- « ges, qu'il croit avoir le droit de mépriser ? « Reconnaître que la religion est utile, inter- « dire en même temps aux églises le droit de « propriété, est-ce raisonnable ? Soyons de « bonne foi, et disons plutôt : Nous ne voulons « pas de religion ; mais disons aussi : Nous « ne voulons pas de monarchie. » — Et en un autre endroit : « Il n'y a aucun doute que « l'éducation publique ne doive être réunie « entre les mains des ecclésiastiques et des « congrégations religieuses, aussitôt que l'on

(1) *Opinion sur la résolution relative au clergé*, prononcée à la Chambre des pairs le 10 février 1816. — *Mélanges politiques*, page 491.

« pourra : *c'est le vœu de la France* (1). »
Enfin, le même écrivain, aujourd'hui ministre, s'exprime ainsi sur la question de l'état civil des citoyens : « Quand le législateur peut « choisir entre deux institutions, il doit pré« férer la plus morale à celle qui l'est moins. « Le chrétien, reçu par un prêtre en venant « au monde, inscrit sous le nom et la protec« tion d'un saint à l'autel du Dieu vivant, « semble, pour ainsi dire, protester en nais« sant contre la mort, et prendre acte de son « immortalité. L'Église, qui l'accueille à son « premier soupir, paraît lui apprendre encore « que les premiers devoirs de l'homme sont « les devoirs de la religion, et ceux-là ren« ferment tous les autres. Ces idées si nobles « et si utiles ne s'attachent point aux registres « purement civils ; c'est un catalogue d'es« claves pour la loi, et de conscrits pour la « mort (2). »

Après avoir rapporté ces éloquentes paroles, nous demanderons comment il se fait qu'après deux ans et demi d'une administration dirigée

---

(1) *De la Monarchie selon la Charte. — Mélanges politiques*, page 776.

(2) *De la Monarchie selon la Charte. — Mélanges politiques*, page 776.

par des chefs de la majorité de la Chambre introuvable, le clergé soit encore dans un état déplorable de dépendance; que, par un délaissement systématique de tout ce qui regarde les besoins de l'Église, des milliers de communes de France soient privées de leurs pasteurs; qu'on ait vu il y a peu de jours le tribunal de police correctionnelle s'occuper d'une cause de diffamation dans laquelle un prêtre était injustement impliqué; que la religion de l'État reste encore dépouillée de la Constitution qui lui est propre, et de cette juridiction particulière qui doit enfin mettre un terme au scandale de voir nos prêtres donnés en spectacle public sur le banc des filous et des prostituées; que le clergé soit toujours considéré comme devant être rejeté hors de nos institutions politiques, où les besoins de l'ordre et la Charte même ont pourtant marqué sa place; qu'il reste toujours déshérité de la considération qui s'attache à la propriété; qu'une loi prévoyante non moins que morale n'ait pas encore remis entre ses mains le dépôt religieux de l'état civil des Français, et que l'éducation reste encore si malheureusement affranchie de sa bienfaisante tutelle? Les ministres sont d'autant moins excusables de s'être montrés ainsi infidèles à des engagemens solennels et sourds aux nécessités de la patrie, qu'abstraction faite de quelques dissidences bruyamment exprimées et trop complaisamment écoutées, dont le motif anti-monarchique n'est pas difficile à saisir, les améliorations légitimes, constitutionnelles, françaises, dont il s'agit, sont *le vœu* le plus cher de la France, manifesté dans les délibérations si recommandables des conseils-généraux. Nous citerons notamment à ce sujet les délibérations du conseil-général des Bouches-du-Rhône, pendant sa dernière session, où sont développés, dans l'intérêt public, les motifs des réclamations les plus nécessaires et les plus urgentes en faveur du clergé, et où se trouvent indiqués les moyens les plus propres à y faire droit. Ces diverses considérations, en accusant les ministres, en éveillant la sévérité des Chambres sur la conduite du ministère à cet égard, devront aussi avoir l'avantage de faire, pour de nouveaux ministres, un devoir à la fois plus impérieux et plus facile, de la restauration du clergé de France.

Il est un autre besoin, exprimé dans la Charte, qui n'est pas non plus satisfait dans ses conséquences naturelles. L'article 71 établit les dispositions relatives à la récompense des services rendus à la patrie : « La noblesse an« cienne, y est-il dit, reprend ses titres ; la « nouvelle conserve les siens. Le Roi fait des « nobles à volonté ; mais il ne leur accorde « que *des rangs et des honneurs*, sans au« cune exemption des charges et des devoirs « de la société. » Où sont ces rangs et ces honneurs que l'État attribue héréditairement aux familles des hommes qui se sont illustrés en le servant ? Les ministres qui laissent dans la série des lois organiques, cette lacune dont le principe est dans la Charte, voudraient-ils mettre hors de cours cette monnaie de l'honneur, qui toujours eut tant de valeur en France ? voudraient-ils pouvoir tout payer avec de l'argent, au risque de tout rapetisser, de tout confondre, de tout perdre dans un pays, frappé dans le principe qui lui donne la vie ? On a l'air de ne considérer la noblesse que comme un hochet à la vanité, et on semble vouloir décorer d'un titre comme on se pare d'un habit. Il est temps toutefois que cette institution nationale, selon le vœu formel de la Charte, redevienne exclusivement, et en toute réalité, le mobile des actions généreuses et le plus vif stimulant des plus nobles espérances, et que l'argent ne soit plus le seul signe de considération dans l'antique patrie de l'honneur. Un ministère qui aurait négligé avec intention de satisfaire à cette exigence vraiment constitutionnelle, ne serait pas français, et des députés français en feraient justice.

Des considérations non moins puissantes, et en partie analogues, ne font pas un moins rigoureux devoir de donner à la pairie (cette portion *essentielle* de la puissance législative) toute l'autorité et tout l'éclat dont elle a besoin d'être revêtue pour balancer l'influence d'opinion qui appartient plus particulièrement à la Chambre élective. La Chambre des pairs n'exprime pas les besoins publics; elle veille à la conservation de ce qui existe. Il faut donc qu'elle soit fortement intéressée dans l'ordre existant, et qu'elle fasse une grande figure au nombre des institutions dont la garde lui est confiée. Il est en conséquence indispensable qu'elle ait autorité en tout ce qui tient aux formes constitutionnelles; il convient de lui conférer des attributions qui puissent lui donner du poids dans le mouvement social. Un des moyens les plus convenables de déterminer son utile prépondérance sous ce rapport, consisterait à l'investir du droit de vérifier les titres d'élection des membres élus de la Chambre des députés, droit qui, exercé avec toute l'indépendance d'une partie personnellement désintéressée dans la vérification, offrirait en outre l'occasion de soumettre les inconstitutionnalités électorales à un contrôle élevé, et fournirait le moyen de faire justice des influences illicites et des manœuvres frauduleuses dont l'élection pourrait être entachée. La dignité de pair de France, en elle-même, ne saurait d'un autre côté supporter la moindre déconsidération dans celui qui en est revêtu. Il devient urgent, en conséquence, de faire en exceptions légales pour la pairie tout ce qu'exige ce grand intérêt, et de perpétuer sur la tête du pair héréditaire une fortune et des prérogatives proportionnées à son rang élevé et à ses importantes fonctions. « Sans priviléges et sans « propriétés, a dit l'illustre auteur de *la Mo-* « *narchie selon la Charte*, la pairie est un « mot vide de sens, une institution qui ne « remplit pas son but (1). » Il est surtout bien essentiel de ne point prodiguer cette haute dignité, et de ne nommer pairs de France que des hommes créés tels par leur position. Chez nos voisins, un ministère voulant assurer le

---

(1) *De la Monarchie selon la Charte.* — *Mélanges politiques*, page 594.

vote d'une loi, crut pouvoir nommer *douze pairs*, afin d'augmenter dans la Chambre haute le nombre de ses partisans; le résultat de cet acte *extraordinaire* fut l'accusation des ministres, comme ayant agi dans leur intérêt personnel; et ce qu'il y eut de plus remarquable, c'est que les *douze pairs*, dont la nomination avait donné lieu au débat, votèrent contre le ministère usurpateur. C'est aux Chambres à décider si les dernières nominations de pairs, quoique portant sur des sujets honorables, n'auraient point été déterminées dans un but autre que celui du mérite des personnes, par le motif purement ministériel d'assurer le vote d'une loi, pour le succès de laquelle il est du moins bien prouvé que l'on a cassé une Chambre des députés irréprochable, et habile comme la nouvelle à voter sur toute proposition venant de la couronne.

Un autre intérêt à considérer dans notre ordre politique, c'est celui de la justice. « Toute « justice émane du Roi, dit l'article 57 de la « Charte; elle s'administre en son nom par des « juges qu'il nomme et qu'il institue. » — « Les « juges nommés par le Roi, dit l'article 58, « sont inamovibles. » Les articles 59, 60 et 63 ont rapport aux exceptions concernant les tribunaux de commerce, les justices de paix et les juridictions prévôtales. On voit que, dans cet ensemble de dispositions relatives à l'ordre judiciaire, il n'est nullement question du conseil d'État, repoussé par le système d'organisation judiciaire établi ou reconnu dans la Charte, et par le besoin général de notre Constitution, opposée à toute forme de justice qui n'admettrait pas la plus entière et la plus solennelle publicité, et qui, de sa nature, ne serait pas tout à fait indépendante. Que de plaintes n'ont pas fait entendre contre la juridiction inconstitutionnelle du conseil d'État, les hommes qui, en ce moment, sont à la tête des affaires publiques? Que d'attaques n'ont-ils pas dirigées contre l'existence même de ce corps? Combien de fois n'en ont-ils pas demandé la suppression, comme étant contraire au jeu du gouvernement représentatif? Cette ancienne opinion des ministres au sujet du conseil d'État ne fait qu'aggraver le tort dont ils se sont rendus coupables en ne le dépouillant pas du moins de ses attributions judiciaires, pour le circonscrire, si l'on veut, dans les fonctions importantes de préparer et de mûrir les projets de loi.

Le conseil d'Etat, exclusivement occupé

de la discussion préparatoire des projets de loi, permettrait de présenter aux Chambres des propositions de loi mieux conçues dans la pensée, mieux combinées dans le classement des matières, et pourrait ainsi rétablir l'autorité, dès long-temps méconnue, de l'art. 46 de la Charte, qui veut « qu'aucun amendement « ne soit fait à une loi, si cet amendement « n'a été proposé ou consenti par le Roi, et « s'il n'a été renvoyé et discuté dans les bu- « reaux. » Le vice de projets de lois conçus à la hâte et mal rédigés, a fait écarter cette disposition constitutionnelle, dont l'inexécution constante a eu pour résultat de faire passer de l'improvisation de l'amendement à l'improvisation de la loi. A la vérité, ce vice de confection semble avoir été effacé, pour les nombreuses lois qui en ont été frappées, par l'autorité de la sanction et de la promulgation royales, qui font seules la loi; mais la violation des formes constitutionnelles ne s'y manifeste pas moins, et le résultat n'en a pas moins été d'embarrasser notre législation d'une foule de dispositions incohérentes, qui font plus d'une fois le tourment des tribunaux, et peuvent être la cause de l'oppression des sujets.

Ne serait-il pas temps aussi de placer la police sous l'influence rassurante de la justice? On a si bien senti l'immoralité de la police exercée par les formes ordinaires de l'administration, et dépouillée de cette action régulière que la marche ferme et paternelle de la justice emprunte de l'observation des lois, qu'on a cru devoir supprimer le ministère de la police générale. Mais si le nom n'existe plus, la chose, pour cela, en pèse-t-elle moins sur la France? et le ministère de la police générale ne se trouve-t-il pas tout entier pour la puissance, quoique plus indirectement sous le rapport de la responsabilité, dans le ministère de l'intérieur? Cette police n'a-t-elle pas ses mêmes attributions, ses mêmes formes irrégulières, son même caractère soupçonneux et oppresseur, et ses mêmes dangers?

« La police générale, a dit M. de Chateaubriand, est une police politique; elle « tend à étouffer l'opinion ou à l'altérer; elle « frappe donc au cœur le gouvernement représentatif. Inconnue sous l'ancien régime, « incompatible avec le nouveau, c'est un « monstre né dans la fange révolutionnaire, « de l'accouplement monstrueux de l'anar-

« chie et du despotisme (1). » Eh bien, ce monstre peint avec des couleurs si vraies par M. le ministre des affaires étrangères, et que MM. de Villèle et Corbière ont aidé le noble pair et ses honorables amis à combattre dans le ministère de la police générale de M. Decazes, et à poursuivre jusque sous l'habit de ministre de l'intérieur, où M. Decazes lui avait donné asile, ce monstre en est-il moins oppresseur pour les citoyens, plus utile et moins inconstitutionnel, depuis que M. Corbière s'est chargé d'en diriger les mouvemens? La police étant dangereuse de sa nature, et pouvant rarement être utile de la façon exclusivement mercenaire dont elle est exercée, le changement d'un homme ne fait rien au vice de l'institution. La police, administrativement organisée par la révolution, a le funeste pouvoir de déconsidérer tout ce qu'elle touche. Eloignant ainsi les communications rassurantes du bon citoyen, de l'homme désintéressé, elle n'est presque entourée que d'hommes qui se font un métier, et qui prennent l'habitude de grossir le nombre et l'importance de leurs rapports. Les directeurs de

(1) *De la Monarchie selon la Charte*, chapitre xxx.

la police, péniblement occupés à débrouiller ce chaos indigeste de récits inventés ou exagérés par la cupidité et par l'idée qu'en général des subalternes aiment à donner de leur importance, ne rencontrent que des résultats stériles ou niais, qui souvent les conduisent à des actes arbitraires sans excuse, et plus souvent à rien. Une telle police étant plus habile à inventer que propre à découvrir, peut devenir provocatrice, et presque jamais ne sera préventive. Aujourd'hui nous pouvons répéter, toujours avec la même vérité, ce que disait en 1816 M. le ministre des affaires étrangères : « Quelle conspiration importante « a-t-elle jamais découverte, même sous Buo« naparte (1)? » En revanche, nous pourrions ajouter ce qu'alors ne pouvait pas dire le noble pair : les conspirations qu'elle a pu faire, et même celles qu'elle a faites. Le même écrivain l'a dit : « La police générale doit être re« mise aux magistrats, et émaner immédiate« ment de la loi. Le ministre de la justice, « les procureurs-généraux et les procureurs « du Roi, sont les agens naturels de la police « générale. Un lieutenant de police à Paris

---

(1) *De la Monarchie selon la Charte*, chapitre XXXIV.

« complétera le système légal (1). » En effet, de cette sorte l'action étant légale, serait aussi plus régulière et plus protectrice ; les agens secondaires moins précairement attachés à l'institution, et ayant devant les yeux la crainte de la loi, seraient plus purs dans leurs communications, plus vrais dans leurs renseignemens ; et l'on ne verrait plus figurer au milieu de ces hommes à qui serait confiée la sûreté des citoyens, de ces êtres flétris par des arrêts infamans, que la police administrative considère exclusivement comme des agens de prévention, et qu'un magistrat judiciaire, chargé de la répression du crime, serait plus tenté de faire surveiller, pour les renvoyer aux galères, que de s'en rapporter à eux pour surveiller les autres. La police ainsi confiée aux agens judiciaires, et le soin de prévenir commis à ceux-là même chargés du droit de réprimer, auraient encore ce grand avantage, de placer la police sous la responsabilité évidente d'un ministre qui, par la nature de ses attributions, présenterait d'ailleurs plus de garanties de sécurité pour l'Etat, et de sûreté pour les citoyens. Nous ne pousserons

(1) *De la Monarchie selon la Charte*, chapitre XXXVI.

pas plus loin ces réflexions ; il appartient aux accusateurs et aux juges constitutionnels des ministres d'examiner jusqu'à quel point les ministres actuels ont pu, sans compromettre essentiellement leur responsabilité, laisser subsister un établissement de police qui est et qu'ils savent être contraire au jeu libre et légal de notre régime constitutionnel, et, de plus, rempli de dangers pour la chose publique, et nécessairement oppresseur et tracassier pour les particuliers. Il appartient aussi aux Chambres de rechercher si, en conservant ces moyens inconstitutionnels d'oppression et d'arbitraire, les ministres n'auraient pas été guidés par le motif coupable de sacrifier au besoin illicite de leur despotisme, la dignité des lois et les libertés publiques (1). Cet examen et ces recherches peuvent mener à des résultats que la prévoyance tutélaire du gouvernement ne saurait négliger de connaî-

---

(1) On lit ceci dans la *Déclaration des principes de la majorité de la Chambre des députés en* 1815 : « Nous « croyons que la police ne doit être ni une inquisition « odieuse, *ni un instrument de despotisme*, mais une ga- « rantie pour le trône, et *une magistrature* qui serve à « éclairer le gouvernement sur l'opinion publique, et l'opi- « nion sur ses véritables intérêts. »

tre, et à l'inconvénient desquels sa puissante sagesse saurait remédier.

Il n'est pas moins urgent peut-être de considérer la législation actuelle sur la liberté de la presse, par rapport à la disposition constitutionnelle qui en proclame le principe et en caractérise les circonstances nécessaires. « Les « Français, aux termes de l'article 8 de la « Charte, ont le droit de publier et de faire « imprimer leurs opinions, en se conformant « aux lois qui doivent *réprimer* les abus de « cette liberté. » On conçoit bien qu'à la place des lois *constitutionnelles*, qui doivent être *répressives et judiciaires*, des lois *d'exception* aient pu suspendre l'exercice de ce droit, ou de cette liberté d'imprimer ses opinions, dans des temps d'agitation politique, qui pouvaient justifier jusqu'à un certain point, et pour les circonstances qui les avaient fait naître, des mesures *préventives* et des moyens *administratifs*. Mais que, depuis que ces circonstances ont cessé d'être, depuis que la force des choses a rendu la cause royale triomphante, et que le combat engagé entre ceux qui voulaient le Roi et ceux qui voulaient autre chose, s'est changé en une querelle entre des administrés mécontens et des administrateurs qui ne font pas toujours ce qu'ils doivent, cette persévérance à ne point délivrer la liberté des entraves qui la gênent, ne saurait plus être considérée que comme la volonté de mettre à couvert des traits d'une critique fondée les actes vulnérables d'une administration vicieuse. La majorité de la Chambre de 1815, se fondant sur la Charte et sur les besoins du gouvernement qui nous régit, s'exprime ainsi dans sa déclaration de principes : « Nous croyons que la presse « doit être libre, mais que des mesures sévères « doivent en *réprimer* les abus. » Eh bien! faites des lois qui répriment sévèrement les abus de la presse, surtout en ce qui pourrait porter atteinte aux principes de notre Constitution monarchique; mais laissez jouir les Français du droit que la Charte leur accorde, et que la nature du gouvernement leur donne de publier leurs opinions; réprimez la licence, mais n'empêchez pas la liberté. Nous ne traitons ici que la question de droit, qui déjà accuse les ministres du tort réel de n'avoir point rendu constitutionnelle une législation qu'ils ont bien évidemment laissée dans le provisoire et dans les exceptions, uniquement pour le compte de leurs prétentions personnelles. Que sera-ce lorsque, dans un chapitre que nous destinons spécialement à la liberté de la presse telle qu'elle existe, nous montrerons la manière inquiétante, oppressive et mesquine dont les ministres exécutent des lois déjà assez mauvaises par leurs dispositions inconstitutionnelles, et depuis long-temps superflues, sans qu'on vienne encore y ajouter le vice de l'exécution ? Des ministres qui ne se sont pas empressés de supprimer une inconstitutionnalité sans excuse, afin d'arrêter la parole écrite qui s'exercerait sur leurs œuvres, qui mettent tant d'intérêt à ce qu'on ne puisse pas instruire le public de ce qu'ils font et de ce qu'ils veulent faire, doivent avoir des actions bien répréhensibles et des projets bien coupables. Que les Chambres sachent que la liberté de la tribune trouve dans la liberté de la presse un auxiliaire précieux, et qu'elles jugent d'après ce qui vient d'être dit, ce que nous développerons plus loin, et surtout d'après les considérations impérieuses qui viendront faire un appel à leur sévérité, combien, pour cet unique point des fautes ministérielles, il est nécessaire de réprimer sans plus de retard, les envahissemens d'un ministère, qui aspire bien évidemment à élever l'édifice complet de son despotisme sur la ruine calculée des lois protectrices.

La puissance des lois peut seule porter l'État politique à son plus haut degré de splendeur, et satisfaire à tous les besoins légitimes des particuliers par une loyale répartition de la justice et par les mouvemens salutaires d'une liberté bien réglée. Mais pour que les lois puissent produire ces bienfaisans effets, il est indispensable qu'elles soient justes dans leurs principes, nécessaires dans leur objet, vraies dans leurs conséquences, possibles dans l'exécution, concordantes dans leur ensemble; et nous sommes encore perdus dans le dédale de lois souvent contradictoires, et dont l'autorité peut être aussi habilement contestée qu'adroitement défendue. Une telle législation est, sans contredit, le plus mauvais présent que la révolution nous ait fait, et l'une des plaies les plus profondes qui affligent notre pays; elle ne peut servir qu'à donner de l'autorité à l'injustice, à désespérer la bonne foi, à favoriser tous les envahissemens, à mettre en honneur toutes les illégitimités: Dieu sait surtout quelles armes une administration qui voudrait conquérir le despotisme pourrait venir puiser dans cet immense arsenal de toutes les aberrations et de toutes les turpitudes humaines. Les vœux les plus pressans, venus de toutes les parties de la France, ont demandé la révision de nos lois, afin de ne laisser en vigueur que celles dont la lettre s'accorde avec l'esprit de notre ordre politique, et de repousser les autres dans la fange de l'oubli. Les motifs sur lesquels se fondent ces légitimes réclamations sont simples et méritent par cela même d'être rapportés dans un temps où les faux *systèmes*, qui ne sont pas simples du tout, semblent avoir renversé les idées les plus naturelles. Le conseil-général du département des Bouches-du-Rhône, dont nous avons déjà parlé « exprime « le vœu que toutes les lois rendues depuis 1789 « soient revisées, afin que sur ce nombre pres- « que infini de lois, on connaisse enfin celles « restées en vigueur; que tous les Codes éprou- « vent la même révision; qu'on ajoute, no- « tamment au Code civil, des dispositions qui « rétablissent la puissance paternelle, etc. » « Hâtons-nous, disait-on dans la première li- « vraison du *Conservateur*, hâtons-nous de « mettre nos lois civiles et criminelles en har- « monie avec nos lois politiques. » La déclaration des principes de la majorité de la Chambre introuvable proclame de cette sorte le besoin de mettre de l'ordre dans notre législation : « D'après les mêmes principes, disent les décla-

« rans, nous désirons replacer les lois sous une « plus grande influence morale, en effacer ce « qui est contraire à la religion, ce qui est op- « posé à la morale publique; enfin tout ce qui « ne convient pas à l'esprit de la monarchie. « C'est sous ce rapport que nous demandons « une révision des lois civiles et criminelles. » Ces déclarations, ces vœux et ces doctrines sont justifiés et consacrés par la Charte. « Le « Code civil, dit l'article 68, et les lois ac- « tuellement existantes, qui ne sont pas con- « traires à la présente Charte, restent en vi- « gueur jusqu'à ce qu'il y soit légalement dé- « rogé. » Quelles sont les parties du Code civil et quelles sont les lois ou prétendues lois, existantes en 1814, qu'on doive considérer comme contraires à la Charte? Voilà toute la question; mais cette question, il faut la résoudre. La laisser indécise au milieu de tant et de si puissans intérêts, qui en réclament impérieusement la solution, n'est-ce pas, de la part des ministres qui se rendent coupables de cette négligence systématique, un tort grave, que le souvenir de leurs exigences passées, quand ils n'étaient pas ministres, ne fait que rendre plus odieux? Et ne pourrait-on pas ajouter qu'un ministère dont le devoir était de débrouiller ce chaos, du sein duquel on ne peut retirer que des élémens de désordre et de mauvaise foi, auxiliaires de l'injustice et de l'usurpation, est bien aise peut-être d'avoir sous sa main tout ce qui peut constituer et défendre son despotisme, qui aussi est une illégitimité?

Une autre plaie de la France, que sans doute dans le même but et par les mêmes motifs, les divers ministères qui se sont succédés depuis 1815 ont plutôt élargie que fermée, c'est la centralisation du mouvement administratif. « Nous pensons, » est-il dit dans la déclaration des principes de la majorité de 1815, « nous « pensons que les intérêts des administrés doi- « vent en plus grande partie être confiés à des « administrations locales, soit municipales, « soit départementales ou provinciales; que la « centralisation de toutes les affaires et de « toutes les décisions dans les ministères est « abusive..... » On conçoit en effet la centralisation du pouvoir dans l'intérêt du despotisme; les besoins d'une sage liberté et d'une répartition également bienfaisante des ressources publiques, repoussent fortement ce système d'administration. Buonaparte, qui voulait faire dominer sa volonté de fer sur toutes les opinions abaissées, avait ramassé dans sa main tous les fils qui faisaient mouvoir l'action administrative; on ne pouvait ainsi agir que par lui et pour lui. Avec une pareille organisation, il n'y avait point d'esprit national, parce que tout se rapportait à un centre commun, à un seul homme, et que le reste n'était rien. La nation était passive; elle était soumise à la volonté du maître absolu; mais aussi elle ne fit point de résistance lorsque son territoire fut attaqué : c'était en effet au despote à défendre des intérêts qui ne regardaient que lui. Le système d'administration de Buonaparte a été maintenu, avec cette différence que le despotisme est descendu du trône avec l'usurpation dans le cabinet des ministres : nous avions le despotisme impérial, nous avons le despotisme ministériel. Un ministère qui se renfermerait dans ses devoirs, qui sont d'administrer, qui ne prétendrait pas au gouvernement, qui ne voudrait pas à la fois être usurpateur et despote, s'empresserait de s'affranchir d'une grande partie du poids des affaires et de la responsabilité qui s'y attache, en rendant aux localités quelque chose de ce que la révolution leur a enlevé en direction administrative; en organisant le pouvoir départemental et le pouvoir municipal sur des bases qui donneraient de la réalité et de l'extension à la liberté légale, et en même temps rendraient plus vif l'amour de la patrie, et plus utile le dévoûment au souverain.

Un ministère qui aurait voulu remplir ses devoirs aurait également fait disparaître ce système d'isolement qui, dans l'état des choses, fait que l'individu peut être opprimé sans qu'aucune protection réelle vienne à son secours; ce ministère aurait rétabli, avec les modifications commandées par les circonstances et l'esprit de notre ordre politique, ces corporations, qui, aux bienfaits qu'elles répandent sur leurs membres sous le rapport de leurs intérêts matériels, joignent l'avantage d'expliquer d'une manière rassurante pour la chose publique et satisfaisante pour les particuliers, le principe de l'égalité devant la loi, proclamé par l'article 1er de la Charte. L'égalité politique ne saurait être absolue, elle n'est que relative; on n'est pas l'égal de tout le monde, on est l'égal de son égal; pour satisfaire au vœu de la Charte, et afin de recréer la société selon ses besoins essentiels, il est indispensable de classer les diverses pairies relatives, telles que l'état réel des choses les distingue, et telles qu'elles tendent et qu'elles demandent à se classer. De cette sorte, chacun pouvant devenir, par la considération personnelle qu'il est ainsi invité à mériter, le premier parmi ses pairs, se livre aux mouvemens louables d'une ambition qui ne peut produire que le bien; et tous sont intéressés à se défendre d'envahir les classes supérieures, afin de n'être pas exposés à leur tour aux envahissemens des classes inférieures. La nécessité d'une organisation qui doit produire de si beaux résultats, est sentie principalement par ceux que cette organisation touche de plus près. Les demandes les plus pressantes ont été faites à ce sujet, et déjà plusieurs corporations se sont formées, indépendamment du silence de la loi, qui semble néanmoins les frapper d'une sorte de réprobation. Les principes de la majorité de la Chambre de 1815 leur sont favorables : « Nous ne négligerons, est-il dit dans « la célèbre déclaration tant de fois citée, nous « ne négligerons aucune occasion d'embrasser « les intérêts du commerce, des arts, de la ci- « vilisation, de développer toutes les indus- « tries et tous les genres de productions, et de « répandre toutes les lumières qui les perfec- « tionnent. Nous désirons que les diverses

« classes d'arts et métiers forment des associa-
« tions libres pour assurer leurs intérêts, et
« maintenir, parmi leurs membres, une disci-
« pline utile, sans que ces établissemens puis-
« sent gêner l'indépendance de l'industrie. »
Outre ces divers avantages, qui déjà méritent d'être pris en très-grande considération, l'établissement régulier des corporations, combiné avec les assemblées municipales et départementales, peut seul former la base d'un bon système électoral, dans lequel il serait facile de faire représenter tous les intérêts, et qui assurerait l'intégrité et la loyauté de l'élection. Le système financier y trouverait aussi de sensibles améliorations, dont la plus notable serait d'en simplifier la perception et de la rendre beaucoup moins dispendieuse.

L'impôt pourrait être diminué et même régularisé, non seulement par le mode simple de perception que l'établissement des corporations et des municipalités fournirait naturellement, mais encore par d'autres améliorations et d'autres économies dans le système administratif actuel, économies et améliorations souvent réclamées, quelquefois promises, et jamais exécutées. La déclaration de la majorité de la Chambre de 1815 les demande en ces termes : « Nous plaçons, dans « la perspective, l'espoir de diminuer l'impôt « foncier, d'en régulariser la répartition, d'é- « tablir les impôts indirects d'une manière « moins uniforme, mais mieux adaptée aux « intérêts et aux habitudes des différentes « parties du territoire. » Il est fâcheux, et on peut trouver extraordinaire que rien de ce que MM. de Villèle et Corbière proclamaient, de concert avec leurs amis, comme des vérités incontestables ou comme des besoins impérieux, dans cette importante déclaration de leurs principes, n'ait pas reçu la moindre application depuis que MM. de Villèle et Corbière sont ministres. Sans cette disparate choquante et coupable entre leurs paroles et leurs actes, nous aurions déjà éprouvé, entre autres bienfaits, des allégemens notables que d'autres affaires plus personnelles, et nécessairement plus importantes, ont sans doute empêché ces messieurs de nous faire éprouver. Les Chambres auront plus d'une occasion de leur demander compte et de leurs paroles et de leurs actions ; c'est là le plus juste espoir de la France, fatiguée de se voir jouée depuis si long-temps par les déceptions ministérielles.

Au mépris de l'art. 48 de la Charte, qui

veut « qu'aucun impôt ne puisse être établi, « s'il n'a été consenti par les deux Chambres « et sanctionné par le Roi, » des impôts considérables sont levés par des moyens de police, et l'on voit des magistrats vendre pour quelque argent une scandaleuse protection à des prostituées. Il serait temps d'arrêter ce dévergondage d'arbitraire, de corruption et d'immoralité. Il ne serait pas moins pressant peut-être de faire disparaître du budget, que depuis quelques années elles salissent de leur honteuse présence, les sinistres recettes provenant de la loterie, si cruellement appelée *royale*, et des jeux de hasard. L'intérêt de la paix des familles, le respect des mœurs publiques, les hautes considérations qui s'attachent au principe essentiel du gouvernement français, l'honneur, qui repousse tout ce qui a l'air d'être une surprise faite à la faiblesse, et de séduction lucrative offerte à la cupidité, tout fait un devoir *au gouvernement* de fermer ces égouts infects, où le trésor va puiser quelques misérables ressources, achetées au prix de la ruine et du déshonneur des familles, et qui s'offrent à l'imagination entourées des affreuses images du vol, du meurtre et du suicide....

L'administration avait beaucoup à faire, et n'a rien fait pour affaiblir ce qu'il y a de pénible dans le tableau d'autres misères attachées aux grandes populations. L'indigence n'est pas assez charitablement, assez judicieusement secourue; le vagabondage n'est pas assez rigoureusement, assez habilement réprimé. Les établissemens publics destinés à recueillir et à soulager les infirmités humaines, sont loin d'être portés à ce degré de perfection auquel il faut qu'ils s'élèvent pour être entièrement utiles. D'un autre côté, malgré tout le bien qu'on a semblé vouloir faire par une récente ordonnance, qui a réuni la partie économique à la partie de sûreté, le système des prisons est resté vicieux, et réclame d'importantes améliorations, qui, si on l'eût voulu, seraient déjà bien avancées, et au sujet desquelles plus tard nous publierons des idées qui feront la condamnation de ce qui existe dans ces établissemens si importans et si peu connus, donneront la mesure du mal que l'on y laisse subsister, et fourniront les moyens à la fois les plus simples et les plus complets d'y substituer le bien. On a eu l'air, dans cette intéressante partie de l'administration, de faire quelque chose qui a pu séduire par l'apparence ; en montrant *le fond des choses*, nous expliquerons le pourquoi et le comment de ce qu'on n'a pas fait, et nous dirons tout ce qu'on aurait pu faire.

Il est un intérêt du premier ordre, qu'ainsi que tant d'autres choses, l'on semble également avoir mis tout à fait en oubli ; nous voulons parler de ce qui regarde les colonies, dont il serait toutefois si intéressant qu'on voulût bien s'occuper. La France n'a point renoncé à ses colonies ; la Charte, article 73, veut que l'on s'en occupe par des lois et des règlemens particuliers ; et l'on ne conçoit pas comment le ministère peut laisser ainsi à l'abandon tant d'intérêts divers qui se rattachent à cet intérêt éminent. Notre commerce a besoin de trouver des débouchés aux produits de notre industrie et à la surabondance de nos richesses territoriales. D'un autre côté, des familles entières, autrefois opulentes, reçoivent à peine un morceau de pain bien amer, qu'on leur retire quelquefois, et alors elles n'ont rien. Cette double considération de l'intérêt public et d'intérêts privés recommandables par le malheur d'une position extraordinaire, aurait dû porter le ministère à quelque généreux dessein ; le ministère reste impassible. On a le droit cependant de lui demander compte de cette coupable indifférence, pour laquelle il ne saurait faire admettre aucune excuse. La puissance qui vient de délivrer l'Espagne, ne peut-elle donc soumettre Saint-Domingue? et la marine qui a foudroyé Santi-Petri, n'est-elle pas disposée à faire respecter notre pavillon là où nous avons à revendiquer la légitimité de nos propres droits? Nous avons le besoin, nous avons le moyen de reprendre une colonie usurpée par la révolte; il n'a manqué jusqu'ici au ministère que la volonté; c'est *au gouvernement* à voir ce qui reste à faire.

Un autre devoir plus facile à remplir, et non moins impérieux, était imposé aux ministres. La peine de la confiscation des biens, abolie par la loi du 21 janvier 1790, et par l'article 66 de la Charte, exige, dans l'intérêt de la justice et dans celui de la propriété en général, une restitution que plusieurs des ministres actuels, avant d'arriver au pouvoir, avaient réclamée avec une vivacité qui n'a rendu que plus extraordinaire et plus coupable l'abandon de leurs principes au moment où il leur était commandé d'en faire l'heureuse application. Aux diverses circonstances que nous avons déjà rappelées à ce sujet (1), nous ajouterons ici une citation extraite de M. de Chateaubriand, et qui complètera l'ancienne doctrine professéee par les ministres les plus influens, sur une question qu'ils pensent aujourd'hui pouvoir impunément considérer sous un point de vue tout contraire. « Le véritable langage « à tenir sur les émigrés, pour être équitable, « c'est de dire que la vente de leurs biens est « une des plus grandes injustices que la révo- « lution ait produite; que l'exemple d'un tel « déplacement de propriétés, au milieu de la « civilisation de l'Europe, est le plus dange- « reux qui ait jamais été donné aux hommes; « qu'il n'y aura peut-être point de parfaite récon- « ciliation entre les Français, jusqu'à ce qu'on « ait trouvé le moyen, par de sages tempéra- « mens, des indemnités, des transactions vo- « lontaires, de diminuer ce que la première « injustice a de criant et d'odieux (2). » Il n'y a qu'une simple observation à faire sur ce passage : le principe y est bien posé, quoique pas assez étendu; mais les conséquences ne sont pas exactement déduites. Il ne peut y

(1) Voir le chapitre IX, page 77.

(2) *Réflexions politiques. — Mélanges politiques*, p. 146.

avoir de transactions ni de tempéramens dans une affaire qui a commencé par la spoliation, et qui doit se terminer par une restitution entière et de justice.

Bien plus, dans cette question *de droit*, il ne sagit pas non seulement des émigrés qui ont été dépouillés par la révolution, mais bien de tous les Français émigrés ou autres, dépouillés de leurs biens par le fait des lois révolutionnaires sur la confiscation des biens. Il s'agit que cette restitution soit faite, non comme un acte de grâce, ce qui serait un outrage aux victimes de l'honneur, et au Roi qui fut leur chef au temps affreux d'une proscription commune, mais bien comme un acte de justice, dont le bénéfice peut être légalement réclamé, comme toute autre créance légale, par les héritiers ou les ayans-cause de ceux que la confiscation révolutionnaire a frappés. De cette façon, la seule qui soit avouée par la justice et par les convenances, tous les intérêts sont mis à l'abri; ceux des propriétaires des biens dits *nationaux*, ceux des créanciers des émigrés, celui de la propriété en général, et celui même de l'État. Les propriétaires des biens dits *nationaux* y trouveront toute l'importance attachée à un bien dont l'entière valeur aura été payée, par l'État vendeur, à l'ancien propriétaire ; les créanciers, le paiement de ce qui leur est dû, à prendre sur le prix de la restitution ; la propriété en général, d'être raffermie ; et l'État, la tranquillité la plus parfaite née de la justice la plus entière, ainsi qu'une augmentation de ses revenus fiscaux, provenant d'une plus grande valeur acquise à la propriété en général, et de la circulation plus facile dans le commerce d'une masse imposante de propriétés. Il n'est point dans notre sujet d'entrer dans tous les détails qui se rattachent à cette grande mesure, et que l'on trouvera au surplus dans un ouvrage (bien connu de M. de Villèle surtout) que nous avons publié en 1821, et où la question est traitée sous le rapport du droit, de la justice et de la politique, et suffisamment indiquée sous celui des finances (1).

(1) *De la Nécessité et de la légalité de demandes en indemnité, à raison de biens vendus par l'Etat, et de toutes autres réclamations légitimes, à poursuivre par toutes voies et contre qui de droit, au nom d'émigrés et autres Français dépossédés ;* par M. Sarran. Prix : 5 francs. Au bureau de l'*Association constitutionnelle pour la défense légale des intérêts légitimes*, rue de Marivaux, n° 3, près la place des Italiens. Cette Association, dont les statuts se distribuent *gratis* à la même adresse, a été fondée en 1821, pour la défense légale de tous les intérêts légitimes froissés par l'injustice révolutionnaire.

Jusqu'ici les promesses les plus perfides d'une indemnité ont été faites, dans l'unique but d'endormir les malheureux dépossédés sur la force irrésistible qu'ils pourraient tirer de la légitimité de leurs réclamations, faites dans les formes du droit. Nous dirons à ces honorables victimes de la plus cruelle injustice et du plus coupable abandon : Unissez-vous, faites valoir vos droits ; c'est le seul moyen d'obtenir la justice, que de tels ministres vous promettront toujours, et qu'ils ne vous tiendront jamais.

Ici se termine l'importante série des principales mesures d'ordre, de justice et d'intérêt public dont les ministres étaient appelés, et par leurs anciennes doctrines, et par leur position actuelle, à suivre le magnifique et salutaire développement, et qu'ils ont si absolument négligées sur tous les points, qu'il serait impossible de méconnaître, dans leur façon d'agir, tous les signes de ce funeste système qui pèse sur la France depuis 1815, et qui consiste, ainsi que nous l'avons démontré dans le cours de cet écrit, à mettre les partis en présence, afin d'exercer le despotisme à la faveur de leurs divisions, par conséquent, à rabaisser les royalistes, quand la légitimité reçoit trop de vigueur de la force des choses, et à ranimer, par tous les moyens *possibles*, la révolution, afin de pouvoir l'opposer avec quelque avantage à la légitimité.

Nous avons jusqu'ici montré ce que les ministres étaient appelés à faire, et qu'ils n'ont point fait, et sous ce rapport, on a pu voir la masse de preuves accablantes qui s'élève contre eux de cet examen de la conduite ministérielle. Nous allons maintenant examiner ce qu'ils ne devaient pas faire, et ce qu'ils ont fait. Ce point de vue, encore plus positif, n'annonce pas devoir être plus favorable au ministère; c'est ce que nous allons voir.

## CHAPITRE XIV.

Ce que le ministère ne devait pas faire, et ce qu'il a fait.

Le devoir du ministère était de fermer l'abîme des révolutions; de mettre un terme à toutes ces dissidences politiques que les espérances dont on les a toujours perfidement bercées, ont pu seules entretenir dans un état de fermentation; de rallier tous les Français autour du trône, à l'ombre des institutions royales, améliorées ou rendues complètes, de qui la France attend l'accroissement et la durée de la prospérité nationale; de fondre toutes les opinions dans l'opinion royaliste; d'accroître en conséquence la force de ce centre commun, afin d'inviter les opinions contraires à s'y réunir; de faire de l'amour du Roi, et des institutions émanées de sa sagesse, une condition exclusive pour obtenir les honneurs et les places. « Fût-il vrai, a dit quelque part M. le

« ministre des affaires étrangères, fût-il vrai « qu'il n'y eût pas de royalistes en France, le « devoir du ministère serait d'en faire......... « Faites des royalistes, ou je vous accuse de « n'être pas royalistes vous-mêmes (1). »

Bien loin de faire des royalistes, le ministère actuel, marchant sur les traces des administrations qui l'ont précédé, ne s'est occupé qu'à diminuer le nombre de ceux qui avaient résisté à d'anciennes épreuves. Lorsque son devoir était de récompenser les hommes qui s'étaient généreusement conduits, de donner aux autres d'utiles encouragemens, et d'offrir ainsi un appât à des conversions désirables, il a prodigué le dédain aux royalistes en général, et la persécution à ceux qui ont voulu rester fidèles à leurs principes. Pour devenir ou pour rester quelque chose dans l'administration, il a fallu, sauf quelques exceptions, que de temps à autre les ministres ne peuvent refuser à l'impérieuse nécessité, il a fallu, ou renoncer tout à fait à une ancienne indépendance de caractère, que l'on redoute par dessus tout, ou, ce qui vaut infiniment mieux, avoir donné des gages de cette facilité de sentimens, de

(1) *De la Monarchie selon la Charte*, chapitre LXIII.

cette souplesse de principes, qui se prêtent à tous les caprices de la domination ministérielle. L'abnégation la plus complète de soi est un mérite indispensable que rien ne peut suppléer, et qui tient lieu de tout. On ne demande plus si tel homme a la dose d'esprit et le degré de connaissances positives que telle fonction exige, mais bien s'il est d'une complexion morale assez élastique pour se conformer à la minute à toutes les inspirations, quelque variables et quelque contradictoires qu'elles soient, qui lui viendront d'en haut. Il ne faudrait que des muets du sérail, si l'on n'exigeait de ces automates ministériels, qu'à l'exécution ponctuelle des actes que l'on exige de leur mouvement mécanique, ils n'ajoutassent la facilité de pouvoir professer à point fixe telle opinion sur telle mesure, sauf le lendemain à défendre, envers et contre tous, l'opinion toute contraire, avec une assurance tout aussi candide que celle de la veille. On a une certaine horreur du talent, qui difficilement se plierait à ce misérable joug. Nous ne parlons pas de la vertu ; il n'en peut pas même être question : la vertu suppose la force, et ici la force ne serait qu'un inconvénient. Tout homme fort de cœur et d'esprit se trouve nécessairement repoussé, comme étant d'une nature tout à fait étrangère à un pareil état de choses.

Ceci explique pourquoi les ministres, au lieu de rappeler dans les rangs administratifs les victimes honorables des précédens ministères, y ont introduit, au contraire, tout ce qu'ils ont pu choisir de plus passif parmi les hommes qui avaient servi le système sous M. Decazes. L'organisation même a été perfectionnée, et l'on a élevé ceux que M. Decazes n'avait cru que tolérer, les employant pour leur dévoûment, mais n'osant pas les retirer des degrés subalternes, où l'exiguité de leur intelligence semblait avoir irrévocablement marqué leur place et renfermé leur ambition. Ce qui avait paru un obstacle à M. Decazes, paraît avoir été une facilité pour les chefs actuels de l'administration. De précieuses nullités ont été exhumées avec un soin religieux de la poussière des derniers bureaux, et sont devenues de véritables notabilités administratives, dont l'ample dévoûment et les obséquieuses prévenances justifient chaque jour la prévoyance de leurs habiles créateurs. A la vérité, les affaires n'en vont pas mieux; la chose publique souffre de cette puissance systématiquement prodiguée à l'ignorance et à la sottise; mais ce n'est pas là ce dont il s'agit : les ministres ont des amis *à pendre et à dépendre;* ils se sont donnés des admirateurs qui sont disposés à les regarder et à les faire passer, autant que cela leur est possible, pour les premiers hommes du monde; et c'est là l'essentiel.

A la place des hommes forts de cœur et d'esprit qu'il était du devoir du ministère actuel d'appeler au maniement des affaires publiques, les ministres ne se sont pas contentés de substituer des hommes tirés des bas étages de l'administration decazienne, ils ont encore donné leur plus intime confiance et une haute part à la direction même de l'esprit public, à des êtres réprouvés par la morale et condamnés par l'opinion, pour avoir, dans des temps d'accablement pour les principes et pour les hommes royalistes, insulté dans des écrits, dans de sales caricatures, par leurs actions, par leurs paroles, par toute leur conduite, à la religion, à la fidélité malheureuse, à tous les sentimens d'amour et de respect pour le Dieu et pour le Roi de nos pères, aux doctrines religieuses et monarchiques dont on les voit aujourd'hui armés du dangereux pouvoir, et sans doute de la funeste mission de décourager, de persécuter, de corrompre ceux qui s'en montrèrent les défenseurs aux jours de danger. Pourtant un de MM. les ministres actuels avait dit : « Qu'on ne mette « plus les honnêtes gens dans la dépendance « des hommes qui les ont opprimés, mais « qu'on donne les bons pour guides aux mé« chans. C'est l'ordre de la morale et de la jus« tice (1). » Eh bien! ce sont les méchans que les ministres ont donnés pour guides aux bons, et l'on se demande où les ministres veulent nous mener avec de pareils guides.

Ils veulent nous mener au but que nous avons si souvent signalé dans le cours de cet écrit; ils veulent établir leur despotisme au milieu de la division des partis, division que leur devoir était de faire disparaître, mais que leur intérêt illicite est de maintenir et de ranimer : la légitimité est trop vigoureuse par la force des choses, il faut l'affaiblir; la révolution est trop faible, il faut lui donner quelque force par les hommes, et c'est ce que l'on fait.

---

(1) *De la Monarchie selon la Charte.* — *Mélanges politiques*, page 758.

## CHAPITRE XV.

### De la retraite de M. de Montmorency, et de la DESTITUTION de M. de Bellune.

On peut se rappeler que le premier ministère Decazes voulant introduire le système que depuis l'on a continué avec une rare persévérance, se débarrassa successivement de quelques-uns de ses membres qui n'avaient point voulu se prêter à son action désorganisatrice. C'est ainsi que l'on vit successivement M. de Vaublanc remplacé par M. Lainé, M. Dubouchage par M. Portal, et M. de Feltre par M. Gouvion-Saint-Cyr. De nos jours, nous avons vu déjà M. le duc Mathieu de Montmorency et M. le duc de Bellune forcés d'abandonner leurs portefeuilles, par la même cause qui avait présidé aux changemens ministériels dont nous venons de parler.

M. de Montmorency, alors ministre des affaires étrangères, était en cette qualité à Vérone, où il soutenait avec une égale dignité les droits de la couronne de France et l'honneur des principes conservateurs qui firent la base des salutaires déterminations du congrès. Les hautes puissances délibérantes étaient d'accord sur ce point essentiel, *qu'il fallait attaquer et vaincre la révolution en Espagne.* Une de ces puissances voulait plus particulièrement que, pour en finir, l'Europe entière s'armât soudain pour écraser d'un seul coup le monstre; les autres puissances, et la France était du nombre, pensèrent qu'il suffisait de la couronne voisine de l'Espagne pour mettre à la raison les rebelles de ce pays, sauf à l'Europe à intervenir sur-le-champ dans la question par une solennelle déclaration de principes, et plus tard, s'il pouvait en être besoin, par la force des armes.

Cette dernière opinion, qui détermina la décision du congrès, fut unanime dans ce sens; elle atteignait le même but, et avait de plus l'avantage « d'écarter la crainte manifestée « par l'Angleterre d'une intervention euro« péenne poussant une masse de forces mili« taires du Nord sur le Midi; mouvement que « la sollicitude d'une sage politique pouvait « considérer comme dangereux pour l'indé-

« pendance continentale, et contraire au but « que l'on se proposait. L'occupation du Pié« mont et de Naples par l'Autriche était à la « fois un exemple et une leçon, un encoura« gement et une garantie pour la France, qui « se trouvait précisément investie des mêmes « droits et obligée aux mêmes devoirs à l'é« gard de l'Espagne (1). »

La France donc se chargea *de combattre et de vaincre la révolution en Espagne*, et les autres membres de la Sainte-Alliance se déclarèrent ses auxiliaires, mettant dans ce sens à sa disposition, s'il en était besoin, toutes leurs forces réunies. L'Angleterre resta neutre.

Les cours d'Autriche, de Prusse et de Russie envoyèrent à leurs ambassadeurs respectifs à Madrid une note et des instructions animées de cet esprit. La révolution y était formellement réprouvée, et la sanction la moins équivoque accordée à la noble conduite des royalistes espagnols qui s'étaient armés pour leur Dieu et pour leur roi. « Déjà, lit-on dans la « note de la cour de Russie, déjà une partie « de la nation s'est prononcée; il ne tient qu'à

(1) Voir ce que nous avons dit le 18 novembre 1822, dans *le Drapeau blanc*, pendant les rares intervalles où il nous a été permis de publier nos opinions dans ce journal.

« l'autre de s'unir dès à présent à son roi pour « délivrer l'Espagne, pour la sauver, pour lui « assigner dans la famille européenne une « place d'autant plus honorable qu'elle aurait « été arrachée, comme en 1814, au triomphe « désastreux d'une usurpation militaire. »

C'était dans ce même esprit que M. de Montmorency, récemment arrivé de Vérone, et créé duc par le Roi pour sa belle conduite au congrès, avait rédigé sa note à l'ambassadeur de France à Madrid. M. de Villèle, qui pendant l'absence de M. de Montmorency avait été honoré de la présidence du conseil, dignité au moins extraordinaire dans un ministre des finances, surtout un Montmorency étant membre du ministère français, et qui, de plus, avait rempli *l'interim* des affaires étrangères, crut pouvoir présenter une note conçue sur d'autres bases, et il obtint le funeste avantage de la faire adopter au conseil. M. de Montmorency, qui, en donnant par sa présence son assentiment à cette note improvisée et aux principes qu'elle professait, se serait trouvé en contradiction avec sa propre doctrine, manifestée par l'ordre et au nom du Roi au congrès de Vérone, demanda sur-le-champ sa démission, et M. de Villèle eut la triste gloire de faire partir sa note, où l'on traite également de *factions* et cette cohue d'Espagnols rebelles qui tenaient alors leur roi captif, et cette portion estimable de fidèles Espagnols qui combattaient avec un noble dévoûment pour leur religion et pour leur prince en péril. Dans le chapitre suivant, relatif à la guerre d'Espagne, nous reviendrons sur cette fameuse note, qui donne la clef de la manière incomplète et fausse dont a été faite, politiquement parlant, une guerre entreprise à contre-cœur. Quoi qu'il en soit, M. de Montmorency se retira avec l'estime des gens de bien, et de sévères récriminations, qui sont loin d'être oubliées, s'élevèrent du sein de l'opinion contre M. de Villèle. C'est aux Chambres à examiner jusqu'à quel point les intérêts de la France ont été compromis dans une lutte où l'on a vu succomber le ministre pour qui les vrais intérêts de la France étaient un devoir sacré, et la haute direction de la guerre d'Espagne, ainsi que l'action politique qui a dû la précéder, l'accompagner et la suivre, entre les mains du ministre qui ne voulait pas cette guerre.

La retraite de M. de Montmorency, qui, dans l'état d'irritation où elle avait jeté les esprits, eût fait tomber M. de Villèle, si M. de

Chateaubriand n'avait généreusement consenti à lui servir de parachute en acceptant le portefeuille délaissé par son illustre ami, la retraite de M. de Montmorency était le prélude d'un autre changement dans le personnel du ministère, qui, un peu plus tard, vint porter dans les âmes honnêtes une sorte de consternation, et de la disgrâce d'un ministre fit une calamité publique.

Il est à peu près évident qu'à peine M. de Montmorency se fut retiré, un piége fut tendu au ministre de la guerre, qui partageait tous les sentimens de son noble collègue. Quelque temps avant l'entrée des Français en Espagne, on parla tout à coup d'une grande conspiration militaire qui allait compromettre le succès de la guerre. Un rapport alarmant fut lu dans le conseil des ministres, où M. le duc de Bellune, autant pour l'honneur de l'armée qu'il avait formée pour la victoire, que pour donner une nouvelle preuve de son dévoûment à son Roi, prit la subite résolution, malgré la maladie cruelle dont il était tourmenté, d'aller sur les lieux s'assurer de la vérité des faits, et remédier au mal, s'il y en avait.

La chose paraissait sérieuse. Une diligence *toute pleine de conspirateurs* avait été arrêtée aux portes de Paris, d'où elle s'acheminait sur la route de Bayonne, et ramenée dans la capitale, où les conspirateurs furent emprisonnés, comme de raison; et le lendemain, les journaux retentirent du bruit de cet évènement extraordinaire, et de quelques autres bruits qui vinrent proclamer l'imminence du danger. Un aide-de-camp d'un des principaux généraux de l'armée d'invasion fut arrêté et mené à Paris; enfin, pour mettre le comble à la terreur générale et rendre plus impérieux le départ de M. de Bellune pour Bayonne, où le Prince généralissime était arrivé avant toutes ces rumeurs, on insinua dans les salons, et successivement un journal imprima que, dans une réunion de haute charité, chez un premier gentilhomme de la chambre du Roi, un auguste personnage avait félicité l'épouse de M. le directeur de la police générale du royaume, sur ce que son mari venait de sauver la France.

La France était effectivement sauvée, car tout ce grand échafaudage de conspiration, et les commentaires qui s'ensuivirent n'étaient qu'une mystification. Les conspirateurs de la diligence furent ou relâchés, ou retenus pour avoir contrevenu à la législation sur les passeports, et jugés, pour ce fait seulement, par la police correctionnelle; M. de Lostange, l'aide-de-camp, honorablement déchargé de toute accusation, et élevé en grade, en dédommagement de la peine qu'on lui avait faite; et l'armée, fidèle autant que brave, eut bientôt plus d'une occasion de donner les plus éclatans démentis à ses détracteurs.

Cependant le ministre de la guerre s'était mis en route sur le champ; et tandis qu'il se rendait en toute hâte là où l'appelait son devoir, une ordonnance donna *quasi* son portefeuille à M. le lieutenant général Digeon; et les journaux commentant l'ordonnance, ou perfidement instruits par des nouvelles répandues à dessein, publiaient, les uns que M. le duc de Bellune accumulait sur sa tête les dignités de ministre de la guerre et de major-général de l'armée du Prince, ce qui n'était guère probable; les autres, que M. Digeon avait réellement le portefeuille, et que M. de Bellune allait faire la campagne comme major-général. En même temps, *on désirait* que madame la maréchale de Bellune quittât l'hotel du ministère de la guerre; madame la maréchale tint bon; le maréchal revint de Bayonne, resta ministre de la guerre, et M. le général Digeon, comme ministre disgracié par l'évènement, alla grossir l'interminable liste des ministres d'Etat. Si M. de Bellune était resté quelques jours de plus à Bayonne, et madame la maréchale quelques jours de moins dans l'hôtel du ministère, le portefeuille de la guerre changeait de mains, tant la doctrine *du fait* a de pouvoir en France.

M. le duc de Bellune continua donc d'être ministre de la guerre ; mais comme on était parvenu à interpréter d'une manière fausse, auprès d'un auguste personnage, le voyage qu'il avait fait à Bayonne, et les prétentions qu'on lui avait déloyalement supposées de vouloir conduire personnellement la guerre d'Espagne (que M. le maréchal savait mieux que personne ne pouvoir être plus convenablement ni mieux dirigée que par ce Prince héros du Midi, pour lequel le fidèle maréchal professe les plus vifs sentimens d'admiration et d'amour), il s'éleva dès ce moment, plus que jamais, entre le ministre de la guerre et le pouvoir administratif de l'armée d'Espagne, un conflit d'attributions et de prétentions dans lequel M. le duc de Bellune eut à subir les dégoûts les plus amers, et qui, malgré son admirable conduite de prudence et de sagesse dans cette circonstance, a fini par lui enlever le portefeuille de la guerre, où il avait commis les crimes irrémissibles d'avoir formé une armée aussi bonne que brave pour terrasser la révolte, et de s'être opposé à des marchés qui dans le vrai se sont offerts au public sous un point de vue équivoque, que l'on a généralement jugés au moins onéreux aux intérêts de la France, et dont les Chambres auront à demander compte au ministère. Un journal anglais résumant d'une manière plus précise tout ce qui avait été raconté par les autres journaux étrangers et français sur la disgrâce de M. de Bellune, a dit positivement que cette disgrâce était le résultat de la lutte qui s'était engagée entre l'illustre maréchal, et, le croirait-on....? M. Ouvrard. On aurait, dans ce cas, le droit d'examiner comment M. Ouvrard aurait pu se trouver engagé dans une lutte avec un noble et vertueux guerrier, ministre du Roi, avec l'honneur même, élevé au plus haut degré des honneurs.

Il est assez remarquable que dans le nombre infini de ministres qui ont successivement disparu de la scène politique depuis 1815, M. le duc de Bellune soit le seul qui ait eu la noble assurance et le bon esprit de ne pas demander sa démission, le seul qui ait été *destitué*, et celui en même temps qui ait réuni et conservé sur sa personne les regrets les plus unanimes et les plus honorables des plus augustes personnages de France, qui n'ont cédé qu'à des considérations habilement ménagées; de l'armée, dont l'illustre maréchal était le père, et de la France en général, dont à jamais il a gagné l'estime par sa généreuse franchise et sa rigide probité.

## CHAPITRE XVI.

De la guerre d'Espagne, et du marché Ouvrard.

On se souvient sans doute encore de ces longs et nombreux articles dans lesquels le journal officiel de M. de Villèle défendait chaque jour, et de toutes manières, contre tous les journaux royalistes, sa tendre prédilection pour un état hostile de paix qui devait laisser la révolution s'organiser en Espagne, et la France exposée à un contre-coup inévitable de l'action révolutionnaire soigneusement ménagée dans la péninsule. On n'a pas oublié l'indécente qualification de *fanatiques*, gratuitement décernée par les *politiques* du *Journal des Débats*, aux partisans d'une guerre toute pacifique dans son but, qui pouvait seule, en faisant cesser le cruel état d'anxiété où la France et l'Espagne étaient plongées, mettre un frein à l'envahissement effroyable de l'esprit de révolution qui menaçait de conquérir et de bouleverser le monde. Les *fanatiques*, naguère *ultrà*, autrefois *honnêtes gens*, précédemment aristocrates, et depuis *bonnes gens*, par la grâce du même *Journal des Débats*, persistèrent dans leur opiniâtreté à vouloir défendre les vrais intérêts de la France et de la civilisation toute entière, et la guerre eut lieu. Voici comment un de ces *fanatiques* s'exprimait dans un article inséré au *Drapeau blanc*, le 18 novembre 1822 (1), en réponse à une espèce de manifeste inséré au *Moniteur*, manifeste qui, après même les déterminations prises au congrès de Vérone, en présence et avec l'assentiment du ministre des affaires étrangères français, exprimait, quoiqu'avec plus de ménagement, le même sentiment politique si complaisamment et si souvent développé dans le *Journal des Débats* :

« Le ministère, disions-nous, s'est enfin « déterminé à donner des explications sur ses « idées *actuelles* et sur ses résolutions *possibles*, relativement à l'Espagne; car nous « avons plus d'une raison de penser que l'ar- « ticle inséré dans *le Moniteur* d'avant-hier, « et répété par d'autres journaux, est un ar- « ticle *communiqué*. Il résulte de cet article que

(1) Voir la note de la page 151, chapitre xv.

« le ministère ne dit pas qu'on entrera en Es-
« pagne, mais qu'il ne dit pas non plus qu'on
« n'y entrera pas; il veut seulement se réser-
« ver la faculté de tenir la porte ouverte ou
« fermée, selon les circonstances. . . . . . . . .
« *Sans doute*, dit l'auteur de l'article, *il y*
« *aurait plus d'un motif pour que la France*
« *se portât avec peine à la dure extrémité*
« *d'employer ses armes* CONTRE L'ESPAGNE :
« *tant de liens unissent les deux nations, etc.*

« Nous ne pouvons en conscience laisser
« passer cette hérésie politique...... Ce n'est
« pas *contre* l'Espagne, mais *pour* l'Espagne
« que la France bourbonnienne prendrait les
« armes, si toutefois il plaît au ministère que
« la porte soit ouverte. Plus *les liens qui unis-*
« *sent les deux nations* sont étroits, plus les
« liens qui unissent Louis XVIII et Ferdi-
« nand VII sont sacrés, moins on doit balan-
« cer à secourir le peuple espagnol et son roi
« contre une bande d'oppresseurs révolution-
« naires, contre une horde de rebelles. *Ce*
« *n'est point comme des ennemis, comme*
« *des envahisseurs que nous serons considé-*
« *rés par l'immense majorité de la popula-*
« *tion espagnole, mais comme des amis et*
« *des libérateurs*.....

« Quelles nombreuses et puissantes considérations de loyauté politique et d'intérêt « personnel viennent encore se réunir pour « inspirer au gouvernement français une détermination digne de lui !

« L'Espagne, livrée aux convulsions violentes d'une fièvre politique, menace de réagir sur la France, comme il y a trente « ans la France révolutionnée a violemment « agi sur les États voisins, et s'est répandue, « ainsi qu'un torrent dévastateur, jusque dans « les contrées les plus lointaines. La révolution française, ménagée par les rois de l'Europe, a fait peser la force de ses armes sur « toutes les capitales, et *la révolution, faite « homme*, est venue s'asseoir tour à tour sur « les trônes délaissés. L'Angleterre elle-même, « mise à l'abri par son isolement, garantie par « ses flottes, défendue par la puissance de ses « subsides, a été au moment de succomber « dans la lutte qu'elle avait engagée, et dont « la profonde sagacité de Pitt n'avait pu prévoir tous les dangers.

« Voilà le tableau fidèle du passé. Puisse la « leçon sévère qu'il a donnée aux peuples et « aux rois n'être point perdue pour le présent !

« Nous le disons, parce que c'est la vérité, « les circonstances sont les mêmes, les noms « seuls sont changés. Les passions populaires « qui fermentent en Espagne sont aussi me- « naçantes pour l'Europe, et surtout pour la « France, que celles qui travaillaient la France « le furent alors pour les États européens et « pour l'Espagne en particulier. Et qu'ici l'on « ne vienne point nous opposer l'argument que « l'on prétendrait tirer de la faiblesse de l'Es- « pagne, relativement à la France.

« Sans doute, si les conditions étaient égales « entre les deux peuples, cet argument serait « sans réplique; mais est-il au monde de puis- « sance matérielle qui puisse balancer la force « délirante des révolutions? Etions-nous plus « forts dans les premiers jours de nos troubles « politiques que ne le sont en ce moment nos « voisins et nos imitateurs? Les cabinets ne « regardaient-ils pas en pitié nos armées pri- « vées d'officiers et manquant de discipline, « nos trésors épuisés, et les partis aux prises « dans notre intérieur? Dans ces temps de fa- « tales déceptions, telle puissance n'a-t-elle « pas fondé des projets d'envahissement sur « cet état de faiblesse apparente qui promettait « un triomphe non contesté et des conquêtes

« faciles? Qu'est-il arrivé cependant? La dé-
« mocratie, dont la nature est de s'étendre,
« ayant abaissé tout sous son niveau de fer, la
« terreur a fait sortir le dernier écu et armé le
« dernier homme, et l'Europe entière a été
« vaincue.

« Sans doute l'Espagne est loin d'offrir, dans
« la force numérique de sa population, les
« mêmes ressources que la France put mettre,
« il y a trente ans, aux ordres de l'usurpation
« révolutionnaire; mais si l'on considère que
« c'est bien moins par le nombre des combat-
« tans que par la nature du combat que la ré-
« volution française en armes a fait le tour de
« l'Europe, qu'en démoralisant les uns par ses
« doctrines, en effrayant les autres par ses ex-
« cès, elle a diminué dans la même propor-
« tion celle d'ennemis qui n'avaient à opposer
« qu'une résistance ordinaire à des attaques
« extraordinaires; si, en ce qui concerne plus
« particulièrement les intérêts de notre pays,
« on veut bien prendre garde que, tandis
« qu'en 93 la France eut à se jeter par toutes
« les issues qui lui étaient ouvertes, sur la
« masse de ses voisins, l'Espagne n'aurait
« qu'un point, celui des Pyrénées, par où dé-
« borderait le trop plein de fureurs dont elle

« est agitée, on se convaincra sans peine qu'il « ne serait pas impossible que l'Espagne révo- « lutionnaire fût aussi redoutable à la France, « exposée seule à ce fatal débordement, que « la France ne le fut elle-même aux nations « diverses qui se trouvaient en contact avec elle.

. . . . . . . . . . . . . . . . . .

« *L'alliance entre la France et l'Espagne,* « ajoute l'article du *Moniteur, ne saurait être* « *rompue sans une de ces* NÉCESSITÉS *impo-* « *sées par le besoin impérieux de notre con-* « *servation*..... Mais cette *nécessité*, à quels « signes doit-elle donc se reconnaître ?

« Faudra-t-il que la révolution espagnole ait « franchi les faibles limites qui s'opposent *en-* « *core* au dernier mouvement de son explosion, « et quelle apparaisse sur notre frontière armée « des forces redoutables qu'une dernière crise « donne à un peuple qui n'a plus de frein ?

« Est-ce d'ailleurs le seul besoin de notre « conservation qui doit influer sur les déci- « sions du gouvernement généreux de France ? « et n'y a-t-il pas plus d'une sorte de respon- « sabilité pour une nation qui regarderait froi- « dement une autre nation se déchirer de ses « propres mains, et un voisin qui laisserait « égorger son voisin ?

« Il est temps de prévenir ces affreuses ca-
« lamités, et les terribles conséquences qu'elles
« devraient nécessairement faire rejaillir sur
« nous-mêmes. Une vigoureuse intervention
« *de famille et de bon voisinage* ne pourrait
« porter ombrage à aucune puissance, et de-
« vrait, au contraire, les rassurer toutes (1).

. . . . . . . . . . . . . . . . . . . . .

« Si la révolution espagnole n'est point im-
« médiatement attaquée, elle attaquera à son
« tour; et dans l'un comme dans l'autre cas,
« LA VICTOIRE EST PROMISE A L'ASSAILLANT. Que
« la France prévienne aujourd'hui l'attaque,
« pour n'être pas bientôt obligée de la repous-
« ser. Il s'agit de savoir qui, de la révolution
« ou de la légitimité, aura le droit de dire : *Il*
« *n'y a plus de Pyrénées.* »

Au même instant que l'espèce de manifeste du *Moniteur* provoquait cette réfutation positive, les cours de Prusse, de Russie et d'Autriche, envoyaient successivement à leurs ambassadeurs respectifs à Madrid, des notes diplomatiques qui professaient les mêmes principes, proclamaient la même intention d'écraser le monstre révolutionnaire en Espa-

---

(1) Voir, pour cette lacune, la citation page 150, ch. xv.

gne, et assuraient au besoin, à la France, l'appui de toutes les forces de l'Europe.

Ce ne fut qu'environ un mois après, que M. de Villèle eut l'attention d'envoyer à notre ambassadeur à Madrid cette fameuse note du 25 décembre, où, quoique modifié par le besoin de se laisser aller au mouvement de l'Europe et de la France royaliste, qui condamnaient la révolution d'Espagne, on voit dominer l'esprit qui avait inspiré les articles du *Journal des Débats*, dicté la communication du 15 novembre dans *le Moniteur*, et présidé à tous ces actes encourageans pour les révolutionnaires espagnols, hostiles pour les malheureux royalistes de la régence d'Urgel, actes désespérans, qui avaient rendu inutiles les plus nobles efforts du courage et de la fidélité.

« . . . . . . Les précautions de la France, y « est-il dit, ont paru justes à ses alliés, et les « puissances continentales ont pris la résolu- « tion de s'unir à elle pour l'aider (s'il en était « jamais besoin) à maintenir sa dignité et son « repos. — La France *se serait contentée* « d'une résolution à la fois si bienveillante et « si honorable pour elle; *mais* l'Autriche, la « Prusse et la Russie ont jugé nécessaire d'a- « jouter, à l'acte particulier de l'alliance, une

« manifestation de leurs sentimens..... *Quant* « *à vous*, M. le comte, en donnant *ces ex-* « *plications* au cabinet de Madrid, vous lui « direz que le gouvernement du Roi est inti- « mement lié avec ses alliés dans la ferme vo- « lonté *de repousser*, par tous les moyens, « les principes et les mouvemens révolution- « naires.... Vous aurez *surtout* le soin de faire « connaître que *les peuples de la péninsule*, « *rendus à la tranquillité*, *trouveront dans* « *leurs voisins des amis loyaux et sincères*... « Vous déclarerez en même temps que la « *France ne se relâchera en rien des mesures* « *préservatrices qu'elle a prises*, *tant que* « *l'Espagne continuera d'être déchirée par* « LES FACTIONS. Le gouvernement ne balancera « pas même à vous rappeler de Madrid, et à « chercher ses garanties dans des dispositions « plus efficaces, *si ses intérêts essentiels con-* « *tinuent à être compromis*....... » On parle de plus dans cette note de *l'emploi* de la force par les insurgés de l'île de Léon, qui a *créé*, dit-on, *le droit* de la force pour les mouvemens de la garde à Madrid et l'apparition de corps armés dans diverses parties de l'Espagne, comme si *le droit* de la force n'était pas inhérent à l'action du pouvoir légitime exercée par le pouvoir provisoire qui s'était formé parmi les Espagnols fidèles pendant la captivité du roi d'Espagne. On ajoute que les provinces limitrophes de la France ont été principalement le théâtre de la guerre civile, et que de cet état de trouble de la péninsule est résulté pour la France la nécessité *de se mettre à l'abri.*

En sorte que si l'Espagne n'avait pas été déchirée par ce que M. le président du conseil appelle *les factions ;* si les Espagnols fidèles n'eussent point pris les armes pour combattre la révolte triomphante ; si les provinces limitrophes n'eussent pas été principalement le théâtre des nobles efforts des serviteurs de Ferdinand pour la délivrance de leur roi ; si l'Espagne eût été rendue à la tranquillité par la cessation de ces efforts généreux ; si ce que M. de Villèle appelle *les intérêts essentiels de la France* n'avaient pas été compromis ; si de cette guerre civile entreprise à ses portes dans le but le plus louable, il n'en avait pas résulté pour la France la nécessité *de se mettre à l'abri*, les ministres français, qui ne voulaient que *repousser*, et non combattre et vaincre les principes et les mouvemens révolutionnaires, les ministres français se seraient empressés de traiter les peuples de la péninsule en amis loyaux et sincères; ils se seraient relâchés des mesures préservatrices que la France avait cru devoir prendre contre un dangereux voisinage; notre ambassadeur n'aurait pas été rappelé de Madrid; aucun moyen efficace ne nous aurait donné les garanties auxquelles cependant l'intérêt de la France invitait les ministres à prétendre; en un mot, la guerre n'aurait pas eu lieu, et le gouvernement insurrectionnel de l'Espagne, délivré de ses ennemis intérieurs, n'aurait eu, par ce fait même, rien à craindre du dehors, du moins du côté de la France.

Cette note, au fond, n'était menaçante que pour les Espagnols fidèles, armés contre les oppresseurs de leur patrie et les geôliers de leur roi; et pour peu que les rebelles eussent voulu profiter des dispositions évidemment favorables qu'elle contenait, pour peu qu'ils eussent donné à leur usurpation quelque couleur de modération et de régularité, pour peu qu'ils eussent voulu adoucir l'âpreté de leurs formes constitutionnelles, l'amitié politique du ministère était prodiguée à leur tyrannique domination, et la France se trouvait dans cette position effrayante d'avoir la révolution à ses portes, et d'être exposée à toutes les atteintes funestes qu'un mouvement européen, surtout dans de telles circonstances et pour de pareils motifs, aurait dû nécessairement porter à son indépendance et à sa prospérité.

Mais la révolution espagnole, insensible à tant de prévenances, resta invariable dans ses déterminations, et se crut assez forte de la faiblesse que le ministère français montrait à son égard, pour déclarer que rien ne serait changé à la Constitution de 1812; elle déclara également, par l'organe de M. San-Miguel, que le prétendu gouvernement espagnol ne dévierait jamais de cette ligne; elle demanda la dissolution de l'armée des Pyrénées, exigeant en outre que la France repoussât *les factieux*, c'est-à-dire les royalistes espagnols qui venaient se réfugier sur notre territoire, et qu'elle prît fait et cause pour la révolution espagnole; qu'elle s'élevât *avec énergie* contre tous ceux qui se plaisaient à dénigrer le gouvernement des cortès, que M. San-Miguel appelle, sans doute par dérision, *le gouvernement de S. M. C.*, ainsi que les institutions de l'Espagne et *des cortès* (1).

(1) Tout ceci est le résumé de la circulaire de M. San-

Ces insolentes communications, *accompagnées de la violation du territoire français, à deux reprises différentes*, ne purent laisser le moindre prétexte d'une plus longue hésitation au ministère français. Le ministre des affaires étrangères actuel, après avoir pris les ordres du conseil dont il fait partie, ordonna enfin le 18 janvier, à M. le comte de Lagarde, de demander des passeports pour lui et pour toute la légation française, et de partir sans perdre un moment, regrettant que tout ce que le ministère français avait fait pour maintenir avec *l'Espagne* (l'Espagne en révolution !) des relations amicales, fût devenu inutile ; que toute espérance d'un changement à de pareilles dispositions fût si éloignée ; que l'expression *des sentimens les plus modérés* n'eût attiré à la France que de nouvelles provocations (sommations outrageantes pour la France et violation de son territoire); enfin, que ce que M. de Chateaubriand et le conseil des ministres, dont il est l'organe, veulent bien appeler encore *le gouvernement espa-*

---

Miguel aux ambassadeurs des cortès près les différentes cours, et principalement de sa réponse à la note du 25 décembre, rédigée par M. de Villèle.

*gnol*, eût rejeté toute mesure *de conciliation.*

Le ministère français ne s'en tint pas à ces regrets exprimés dans la dépêche ostensible. Dans une lettre *confidentielle* jointe à cette dépêche, M. le ministre des affaires étrangères dit, entre autres choses, à M. le comte de Lagarde : « Pour rétablir l'ordre en Espagne « et rendre la sécurité à la France, *ainsi* « *qu'aux autres États du continent*, il y a « un moyen aussi simple qu'efficace. Tout « sera fait le jour où Ferdinand VII pourra lui « même, et de sa propre autorité, faire les « modifications nécessaires aux institutions « rectifiées par S. M. C........ Quand S. A. R. « le duc d'Angoulême se sera avancé sur les « bords de la Bidassoa, le roi Ferdinand « pourra se présenter sur la rive opposée avec « ses troupes. Les deux princes pourront avoir « une entrevue qui sera suivie d'un traité de « paix, *des modifications constitutionnelles*, « et de l'amnistie que désire S. M. T. C. » (Cette *amnistie*, d'après les termes de la lettre de M. de Chateaubriand, devait être *générale pour tous les actes politiques*, *depuis* 1812 *jusqu'au jour de sa promulgation.*)

Supposons un instant que ces propositions

eussent été accueillies, la révolution était légitimée, l'impunité solennellement accordée au crime, les royalistes Espagnols consternés, et le trône de Ferdinand entouré de rebelles fiers de la sanction donnée à leurs actes criminels. Nous croyons pouvoir assurer que si la France, ainsi dirigée dans sa politique, s'*était contentée* d'un pareil état de choses, *les autres États européens* auraient, à cet égard, trompé les espérances de M. le ministre des affaires étrangères, et que le résultat eût été d'exposer la France à la déconsidération et à une sorte de réprobation de la part de l'Europe, dont le mouvement général, justifié par les plus hautes considérations, eût compromis bien certainement *les intérêts les plus essentiels* de notre pays.

Les destinées de la France furent plus fortes que les fautes ministérielles. La révolution espagnole, enorgueillie de tant d'humilité et frappée d'aveuglement, crut pouvoir se refuser à des propositions conciliatrices qui devaient la sauver; la session française s'ouvrit; le Roi de France fit entendre de nobles accens au milieu de l'élite de la nation. A la voix du chef vénérable de la famille des Bourbons, cent mille Français, ayant à leur tête le héros que le

Roi aime à nommer son fils, entrèrent en Espagne, et la révolution fut vaincue par la force de nos armes, qu'ombrageait le glorieux drapeau d'Ivry et de Fontenoy.

Cependant, la révolution vaincue par la force de nos armes, put toujours se relever par la molesse calculée de notre politique.

La même main qui avait brisé les fusils de l'armée de la Foi, et dispersé ces fidèles Espagnols, dont l'organisation existante pouvait être d'un si grand secours à l'invasion, cette main favorable à toutes les mesures protectrices des intérêts révolutionnaires, dirigea dans le même sens l'action politique de cette guerre faite à la révolution, et sembla s'attacher à arrêter le bras de nos soldats, prêt à la frapper au cœur.

Les membres de la régence d'Urgel, forcés de rentrer en France au moment où leur présence devait être si nécessaire en Espagne, y éprouvèrent tous les désagrémens de surveillance qu'à peine on eût osé se permettre à l'égard de ceux qu'ils avaient combattus : le ministère français se montra conséquent, ils étaient en effet les instigateurs et les chefs de l'une *des factions* qui avaient déchiré l'Espagne. La guerre reçut politiquement une direction conforme à l'esprit qui avait animé jusqu'alors, et qui n'a pas cessé un seul instant d'animer le ministère français.

On craignit que le petit-fils d'Henri IV ne contrariât, par la noble franchise de ses desseins généreux, la pensée du ministère, qui ne se portait que sur les ménagemens exigés par la position critique où se trouvait cette misérable révolution, qu'un souffle pouvait éteindre, et qu'on a tout fait pour ranimer au sein de sa plus grande détresse; renouvelant le souvenir des représentans du peuple en mission auprès des armées, souvenir qui seul offre l'exemple d'une pareille combinaison, on plaça auprès de l'auguste général en chef un commissaire civil chargé de tout ce qui avait rapport aux opérations politiques, et par conséquent de la haute main sur les opérations militaires, en tant que les besoins politiques du ministère pouvaient désirer qu'elles fussent modifiées.

Les capitulations avec Ballesteros et Morillo, produits déplorables d'un pareil système, rappelèrent trop la journée du 7 juillet 1822, dans laquelle ces deux généraux des cortès avaient tourné contre leur roi ces mêmes armes qu'ils auraient employées à le défendre, si Ferdinand avait voulu consentir précisément à ces modifications constitutionnelles, réclamées par le ministère français, comme un moyen satisfaisant pour lui de prévenir la guerre et de resserrer les liens qui devaient unir les deux nations.

La tentative de l'Abisbal, faite quelques jours avant l'occupation de Madrid par les Français, pour entrer dans le sens des mêmes modifications, peut aussi dévoiler bien des mystères, et expliquer mieux qu'autre chose la conduite du ministère français. Il est bon de rappeler quelques détails de cette comédie qui fut jouée à la face de l'Espagne et de l'Europe, et dont le dénoûment ne répondit pas à l'attente de ses auteurs.

M. le comte de Montijo, grand d'Espagne, écrit au général de l'Abisbal, le 11 mai 1823, une lettre fort lamentable sur l'état de la Constitution de 1812, qui ne peut pas tenir, et qu'il faut remplacer par quelque chose, en sauvant en même temps la patrie commune des suites d'une plus longue invasion; le général est prié de vouloir bien être le libérateur de l'Espagne, et de prendre à cet effet toutes les déterminations que lui suggéreront son patriotisme et ses lumières.

Le général répond le 15 mai. Après quelques précautions nécessaires, d'après lesquelles il déclare qu'il doit, comme chef d'une division de l'armée, exécuter les ordres du gouvernement à la tête duquel se trouve S. M. (Le roi d'Espagne était alors prisonnier à Séville), il annonce que le ministère est incapable, que le précédent ministère ne l'était pas moins, pour avoir eu l'imprudence impardonnable de provoquer la guerre actuelle; qu'il est d'avis que *la majorité de la nation* ne veut pas la Constitution de 1812, et que, comme citoyen, il croit pouvoir établir les articles suivans comme base de son opinion pour ramener l'ordre et la paix.

« Annoncer à l'armée d'invasion que la na-
« tion, d'accord avec son roi, se propose de
« faire, dans la Constitution actuelle, les chan-
« gemens que l'expérience lui a indiqués
« comme nécessaires pour réunir les esprits
« des Espagnols, assurer leur bonheur et la
« dignité du trône constitutionnel; et qu'en
« conséquence, elle devrait se retirer du terri-
« toire espagnol, en traitant amicalement par
« le moyen de son ambassadeur.

« Que S. M. et son gouvernement revins-
« sent s'établir à Madrid, comme capitale de

« la monarchie, pour qu'on ne dît pas qu'elle « est contre sa volonté à Séville.

« Que, pour faire dans la Constitution les « réformes que l'on croit nécessaires, on con- « voquerait des cortès nouvelles, dont les dé- « putés se présenteraient avec les pouvoirs dé- « signés par la Constitution elle-même.

« Qu'on proposerait à S. M. de choisir un « ministère qui, *n'appartenant à aucun* « *parti*, mériterait la confiance de tous les Es- « pagnols, et celle des puissances étrangères.

« Qu'on décréterait un oubli *général* de tout « le passé, en offrant d'écouter et d'employer, « sans avoir égard à aucune opinion antérieure, « ceux qui, par leurs lumières, leurs services « et l'amour *de la patrie*, seraient dignes « d'être préférés. »

Ces articles de l'Abisbal, sauf quelques exceptions de forme, commandées au général par sa position, ne rappellent-ils pas *les moyens simples et efficaces* que M. le ministre des affaires étrangères, dans sa note confidentielle du 18 janvier, avait jugés suffisans pour rétablir l'ordre en Espagne et rendre la sécurité à la France, ainsi qu'aux autres États du continent?

Déjà les échos ministériels de Paris chantaient victoire sur cette manière *satisfaisante* de terminer la guerre; mais la retraite forcée de l'Abisbal du sein d'une armée qui ne voulut entendre à aucune modification, trompa tous les calculs; et la révolution, qu'on avait de nouveau trouvé l'occasion de sauver, voulut courir les chances d'une lutte où elle succomba sous les coups de nos valeureux guerriers. Le triomphe du parti révolutionnaire, mitigé par les formes trompeuses du *tiers-parti*, fut ajourné à des temps plus favorables.

L'esprit dans lequel la guerre d'Espagne avait été retardée et a été mal faite, a survécu à la guerre même. La politique de l'ordonnance d'Andujar, ordonnance surprise à l'auguste Prince général en chef, et que le héros pacificateur de l'Espagne s'empressa de retirer aussitôt que son effet déplorable sur les Espagnols fut connu, cette politique mortelle dans l'état où la révolution avait réduit la péninsule, semble se reproduire dans l'influence qui pèse sur les destinées de ce malheureux pays, où rien de décisif ne s'est offert encore pour décourager les méchans, pour fortifier les bons; où quelques actes même, dans un sens tout opposé aux besoins d'un État qui veut se conserver, ont déjà fait craindre, par les espérances coupables et l'abattement fâcheux que ces actes imprudens ont fait naître, de voir se rallumer le flambeau de l'insurrection mal éteint, dont on a l'air de vouloir réveiller la flamme incendiaire.

Dans l'enquête que la considération de ces diverses circonstances devra provoquer de la part des Chambres, on n'oubliera pas sans doute de s'informer de ces hommes tombés sous le canon sauveur de la Bidassoa, que l'on a faits prisonniers, et dont il n'a plus été question. Une foule de détails que nous avons dû négliger dans ce récit succinct de l'origine, du caractère et des suites de la guerre d'Espagne, ne sauront échapper à l'investigation régulière des accusateurs et des juges constitutionnels des ministres, dont le droit et le noble devoir sont de recueillir toutes les informations, de demander compte de tous les actes et de tous les projets qui peuvent servir de base à un jugement parfaitement éclairé sur un sujet de cette importance.

Si maintenant on nous demande quels motifs ont pu inviter les ministres à se conduire ainsi dans des circonstances où une façon d'agir vive et franche devait produire d'autres résultats, si éminemment favorables à l'intérêt particulier de la France et à l'intérêt général, qui s'attache au sort de toutes les légitimités, nous dirons, en suivant l'idée féconde dont cet écrit n'est qu'un développement nécessaire : Le ministère n'a pas voulu et ne veut point écraser tout à fait la révolution en Espagne, pour en faire un épouvantail qui donne de la force apparente à l'esprit révolutionnaire en France, toujours dans l'intérêt de la division des partis mis en présence, qui peut seule procurer le despotisme ministériel.

Cependant la conduite répréhensible du ministère n'en a pas moins compromis *les intérêts essentiels* de la France, en commençant la guerre plus tard qu'on ne le devait, en la faisant, politiquement parlant, comme on ne devait pas la faire; ce qui a nécessité un armement plus considérable et des dépenses beaucoup plus fortes que celles qu'aurait exigé une guerre faite plus tôt, et avec le secours des Espagnols fidèles : quarante mille hommes, quarante millions et une volonté ferme et prompte, eussent suffi pour relever comme par enchantement, de concert avec les royalistes, maîtres d'une partie de la Catalogne, et de divers autres points de la péninsule, le trône de Ferdinand, renversé par une insurrection militaire. Les intérêts essentiels de la France n'ont pas été moins compromis par ces capitulations accordées à des généraux rebelles, qu'il était à la fois plus prudent et plus noble de soumettre en les combattant; et par cette attention apportée dans toutes les affaires relatives à l'Espagne, de ménager une révolution dont l'esprit désorganisateur a fait peser tant de douleurs sur notre malheureuse patrie, et menace encore la France et le monde de tant d'affreuses calamités.

S'il fallait en croire de graves accusations répandues dans le public avec une sorte d'autorité, et qui se sont reproduites dans les journaux, les intérêts essentiels de la France *auraient été fortement compromis* par la manière dont le système administratif et financier de l'armée d'Espagne aurait été organisé. On a parlé de différences telles entre les prix énormes alloués aux exploiteurs du *marché Ouvrard* et la valeur réelle des matières ou des objets fournis, qu'une véritable dilapidation des finances de l'État aurait eu lieu par les abus résultant des conditions de ce marché onéreux à la France, et dont on explique les bénéfices ruineux pour le Trésor, par des causes plus illicites et plus honteuses que les bénéfices mêmes. Nous n'entrerons pour le moment dans aucun débat sur ces accusations délicates, que nous ne faisons que rapporter comme une indication importante, plus particulièrement offerte à l'action de contrôle de la Chambre qui vote l'impôt, et sur lesquelles toutefois nous nous proposons de revenir plus tard, dans un écrit uniquement consacré à cet intéressant sujet, pour l'éclaircissement duquel nous réclamons les lumières et les bons offices de toutes les personnes qui voudront bien nous fournir quelque renseignement utile.

En attendant, assez de fortes présomptions s'élèvent contre ce marché, devenu en quelque sorte un objet de scandale dans le public; et les hommes chargés par leurs fonctions de veiller au bon emploi de l'argent des contribuables, ne sauraient s'empêcher d'examiner sévèrement les conditions du marché par rapport à la valeur réelle des objets, la manière dont l'exécution en a été faite, et même, s'il y a lieu à reconnaître dans ces conditions et dans cette exécution un funeste abandon de l'intérêt public, de rechercher quels intérêts privés peuvent se trouver mêlés dans l'action déterminante qui aurait produit de tels résultats et un pareil scandale.

## CHAPITRE XVII.

### Des opérations de finance.

Le système administratif et financier de notre armée en Espagne, présente au moins des obscurités que l'on éclaircira, et dont, nous aimons à le penser, le ministère se tirera à sa plus grande gloire. La situation brillante de nos finances, à laquelle n'a pas peu contribué cette guerre, que les ministres ne voulaient point, semble en apparence devoir offrir la meilleure garantie de la justification ministérielle sur toutes les affaires qui touchent au maniement de l'argent. Nos finances cependant pourraient se trouver dans un fort bel état, et avoir été, par cela même, trop peu ménagées dans une entreprise commencée à contre-cœur, exécutée avec déplaisance, et dont les difficultés et les dépenses exhorbitantes offriraient en définitive une sorte d'excuse combinée pour essayer un peu de justifier des répugnances condamnables. D'un autre côté, nous pouvons examiner si l'influence des actions ministérielles est pour beaucoup dans les causes de l'état actuel de notre crédit; si même notre situation financière ne devrait pas avoir atteint un plus haut degré de prospérité; si, au lieu d'ajouter à l'opportunité des évènemens et à l'influence des causes naturelles, le concours d'un talent financier et d'une volonté bien intentionnée, capables d'en étendre les résultats possibles, on n'aurait pas au contraire, par de fausses opérations, nui au développement fructueux que ces évènemens opportuns et la force irrésistible des choses devaient nécessairement produire.

La première opération à examiner est celle de l'adjudication faite le 10 juillet 1823, à la maison Rothschild, de vingt-trois millions et quelques milliers de francs de rente. Cette opération doit être considérée, en premier lieu, sous le rapport du prix et des circonstances de l'adjudication; en second lieu, sur la question de savoir si le moment en avait été bien choisi dans l'intérêt de nos finances.

Le jour où l'adjudication eut lieu, le cours de la rente au comptant était de 89 f. 25 c., et tout attestait la continuation d'une hausse produite et garantie par les succès toujours croissans de nos armes, et le jeu que la guerre et la victoire avaient donné au mouvement des affaires. Les bons esprits s'attendaient au moins, puisqu'on s'était décidé à émettre les nouvelles rentes avant que la campagne ne fût terminée, qu'on ne les livrerait qu'à des conditions en rapport avec le cours de la rente toujours montante, et conformément aux justes espérances du plus brillant avenir; ils s'attendaient à voir le *minimum* de M. le ministre des finances, et les offres des grandes maisons de banque atteindre et même dépasser le cours du jour. La rente, calculée d'après les conditions de l'adjudication, offrait un cours de 93 fr. 50 c. environ, et c'était au moins à ce prix que devait être coté le *minimum* du ministre. Quel fut l'étonnement de ceux qui suivaient avec l'intérêt le mieux entendu cette opération importante, de voir, sur quatre compagnies, trois (chose singulière!) faire séparément une soumission de 87 fr. 75 c.; la quatrième, la maison Rothschild, offrir 89 fr. 55 c., et le *minimum* ministériel réduit à la misérable cote de 89 fr., c'est-à-dire d'environ 84 fr. 60 c. valeur au comptant!

La conséquence de cette cote du ministre des finances était de faire subir à l'État, relativement au cours du jour, une perte réelle de plus de vingt millions.

Tel est le résultat de cette opération, pour laquelle les ministres se firent adresser tant de félicitations par des gens qui feignaient d'ignorer, ou qui peut-être ne savaient pas (tant l'inattention peut se porter sur les choses les plus sérieuses) qu'il fallait tenir compte des différences notables réellement existantes entre un prix à longs termes et un cours au comptant; et que ce n'était que fictivement que les cotes de 89 fr. 55 c. de l'offre acceptée de la maison Rothschild, et de 89 fr. du *minimum* du ministre, semblaient se rapprocher de celle de 89 fr. 25 c., du cours effectif de la rente.

On ne sait trop quelle excuse M. le ministre des finances peut offrir d'un abandon aussi caractérisé des intérêts du Trésor. La rente était en hausse du moment où nos troupes avaient touché le sol de l'Espagne; elle avait monté d'environ 14 pour cent; elle devait monter encore, et elle s'est effectivement élevée depuis de 15 ou 16 pour cent en sus. En faisant l'opération, même dans ce moment, il fallait du moins tenir compte et de la prospérité présente et des espérances assurées qui s'ouvraient devant les destinées de la France; et rien, surtout avec des circonstances aussi favorables, ne pouvait autoriser le ministre à vouloir donner à 89 fr. payables à des termes progressifs de paiement très-éloignés, la même valeur qui se vendait au comptant à 89 fr. 25 c., et annonçait, comme cela est effectivement arrivé, devoir chaque jour augmenter de prix dans une proportion extrêmement considérable.

Mais non seulement le ministre des finances est répréhensible pour avoir fait une opération onéreuse au Trésor, relativement même à l'époque où cette opération a été faite, mais encore pour avoir mal choisi le moment de l'opération, qui semblait naturellement devoir être renvoyée à la fin d'une guerre des plus heureuses et des plus honorables. Non seulement on lui demandera compte de la perte d'environ dix-sept millions qui résulte de l'opération faite, mais encore du bénéfice d'environ 10 à 12 pour cent que l'opportunité d'un moment mieux choisi aurait dû inévitablement procurer. Qui pourrait douter que l'opération n'eût été faite au moins au pair, si l'on eût choisi pour cela l'instant favorable où les armes françaises ont obtenu le plus beau triomphe en pacifiant un pays voisin, et rendant au nôtre toute la garantie de son repos et d'une prospérité durable ? Dira-t-on que le ministre a peut-être redouté quelque catastrophe qui aurait compromis notre crédit ? Mais un ministre qui aurait pu concevoir de pareilles craintes dans un état de choses si prospère; un ministre qui n'aurait pas su calculer, et dont le sentiment intérieur se serait refusé à concevoir des chances si simples et si certaines; un ministre qui aurait douté d'un dénoûment si assuré et si glorieux pour la France, n'aurait-il pas montré à la fois assez de mauvais esprit et assez de mauvais jugement, n'aurait-il pas produit d'assez mauvais résultats, par d'assez mauvais motifs, pour compromettre essentiellement sa responsabilité ?

La seconde opération de finance à examiner, est celle qui en ce moment occupe les esprits, et qui a pour objet de réduire l'intérêt de la rente à 3 pour cent, en donnant l'option au porteur de la rente, ou de recevoir son capital au pair, ou bien de garder son inscription avec une augmentation de 33 un tiers pour cent sur le capital, afin de faire revenir à 4 pour cent l'intérêt nominal de 3 pour cent.

La première observation à faire est assez décisive : puique la hausse de nos fonds publics jusqu'au pair, et même au-delà du pair, comme conséquence immédiate de l'heureuse issue de l'expédition d'Espagne, devait donner le moyen de réduire à 4 pour cent l'intérêt payé par le Trésor, ce qui porte le cours présumé des 5 pour cent à 125 fr. au comptant, on a lieu de demander comment, à une époque où il était si facile de prévoir et d'attendre l'issue de cette glorieuse expédition, qui touchait à sa fin, on a pu se déterminer à donner ces mêmes 5 pour cent à 89 fr. 55 c., et à les offrir à 89 fr. payables à de longs termes, ce qui produit, *valeur au comptant*, une différence d'environ 4 pour cent, sur plus de 23 millions de rente, et fait subir à l'État une perte réelle de plus de 180 millions.

Si maintenant nous examinons en elle-même cette seconde opération du remboursement des 5 pour cent, ou de la réduction de l'intérêt de cette rente, la première considération qui s'offre à nos regards, c'est la nature de l'opération, sous le rapport de la justice et de la morale.

L'article 191 du Code dispose à la vérité que « la rente constituée en perpétuel est essentiellement rachetable. » Mais la loi civile qui régit les transactions des particuliers, étend-elle une influence absolument égale sur ces marchés publics, pour lesquels des lois spéciales sont intervenues, où toutes les conditions possibles du contrat ont été déterminées, et où d'autres besoins se font sentir?

L'État n'a point passé de traité avec tel ou tel individu, pour que la rente fût constituée en ses mains; il a plus particulièrement jeté sur la place un papier qui est entré dans le domaine de la circulation avec des conditions qui lui sont propres. Ce papier ainsi en émission, ne saurait donner lieu qu'à un escompte volontaire, établi par les opérations bienfaitrices de la Caisse d'amortissement, et jamais à un escompte forcé, excepté dans les cas où la nécessité le voudrait, et dans les formes les plus convenables pour ne point trop blesser les intérêts des porteurs.

Nous savons que la nécessité est une suprême loi pour les nations, la seule que quelquefois on puisse faire marcher de front avec la justice; mais ici y a-t-il nécessité à se livrer à une mesure arbitraire, qui peut porter la désolation dans tant de familles, et dans certaines hypothèses nées d'évènemens inconnus, causer peut-être une sorte de bouleversement en France ? Nous ne le pensons pas.

Il ne pourrait y avoir nécessité à réduire l'intérêt de la rente que dans deux cas : en premier lieu, si l'intérêt de la rente venant à accroître, dans une proportion intolérable, la masse de l'impôt, il fallait nécessairement le réduire comme dans un pays où il est convenu que de pareilles réductions sont nécessaires de temps en temps pour faire prendre à l'intérêt d'une dette publique, toujours croissante, le niveau des revenus possibles de l'État; en second lieu, si l'État ayant réellement les moyens de rembourser une partie de sa dette, et l'action ordinaire de son amortissement se trouvant arrêtée en ce qu'elle n'aurait plus où s'exercer suffisamment par des motifs même de confiance qui porteraient les propriétaires de la rente à la garder, il fallait, dans l'intérêt public, aviser à un mode quelconque de remboursement de la partie de la dette que l'État pourrait rembourser.

Nous sommes loin d'être dans le premier cas, et nous ne sommes pas encore dans le second. Mais dans cette dernière hypothèse même, il serait juste de faire peser le remboursement au marc le franc sur toutes les rentes en circulation, de façon que s'il y avait quelque chose à perdre, cette perte fût légère, étant supportée par tous dans une proportion égale, et ne pût aucunement ouvrir la porte à l'agiotage.

Dans l'opération projetée, où l'on arrive par spéculation, et où l'on offre au porteur de la rente une option dont le seul agioteur essaiera de tirer parti, où l'État n'agit point par nécessité, avec ses fonds disponibles, mais avec des fonds qu'il emprunte, sans doute avec des bénéfices considérables pour les prêteurs, et avec la conséquence odieuse de faire supporter les différences résultant de ces bénéfices onéreux, à des porteurs de rente, que rien ne semblerait devoir condamner à perdre ce que l'on veut arbitrairement faire gagner à d'autres, c'est vouloir encourager l'agiotage, déjà si effrayant par son audacieuse immoralité, et punir sans motif excusable des créanciers de bonne foi, de la confiance que, dans des temps plus ou moins difficiles, ils ont généreusement montrée pour le crédit de l'État. On s'empresse de s'armer de toutes les forces de ce crédit, à peine parvenu au pair, contre ceux-là même qui ont concouru à l'établir et à l'élever à ce premier degré de prospérité. C'est une sorte de parricide moral, dont la vertu s'indigne, et qui entache l'opération d'une couleur prononcée de cruelle ingratitude, dont rien ne justifie ni n'excuse la scandaleuse publicité.

On a beau dire : Nous offrons au porteur de rentes, qui ne voudrait point supporter la perte d'un pour cent sur son revenu, nous lui offrons son capital au pair ; mais ce malheureux rentier qu'a-t-il besoin de son capital, et qu'en fera-t-il ? Dans le mouvement que vous imprimez au système financier en général, trouverait-il facilement un placement convenable et sûr à 4 et même à 3 et demi pour cent ? Et dans cette crainte bien fondée qui l'agitera, ne sera-t-il pas contraint de subir la véritable banqueroute que vous lui aurez imposée ?

Vous direz encore : S'il garde sa rente, il n'aura bien certainement en revenu que 4 pour cent au lieu de 5, et ce sera fâcheux ; mais nous augmentons le capital de son inscription de 33 un tiers pour cent, et il peut tirer parti de la hausse qui devra nécessairement suivre cette combinaison. Eh bien ! la rente augmentera, et l'on sait par quel moyen, le rentier se hasardera à vendre avec quelque bénéfice; mais encore, dans ce cas, faudra-t-il qu'il trouve quelque moyen de placer son argent? aura-t-il alors une meilleure occasion de faire un bon placement que dans le commencement de l'opération, où il est démontré qu'à peine il aura pu se procurer les 4 pour cent d'intérêt et de revenu, qu'il a d'une manière bien plus assurée en prenant les 4 pour cent de l'État? Ainsi, dans l'une comme dans l'autre hypothèse, son revenu sera impitoyablement diminué dans la proportion de 5 à 4, pour profiter en apparence un peu à l'État, et beaucoup en réalité aux prêteurs et à ceux qui sont intéressés dans le prêt, et successivement aux agioteurs de toute espèce, qui s'empareront de cette opération pour en faire leur proie, quand il leur arrivera de n'en pas être les victimes.

Cette funeste opération ne rappellerait-elle pas d'une manière plus effroyable, puisqu'il n'y aurait eu aucune nécessité à la faire, la fameuse réduction au tiers, dès lors si dérisoirement appelé consolidé? Ne présente-t-elle pas, comme celle dont elle est une déplorable imitation, des avantages fictifs et nuls dans la réalité, et une perte effective ? Les malheureux rentiers surtout, qui ont été frappés par la première sous l'usurpation, n'auront-ils pas à se plaindre plus amèrement d'être atteints par la seconde sous l'empire de la légitimité ? Nous sommes surpris que de pareils rapprochemens et tant de maux pesant sur la classe des rentiers, pour le plus grand profit des spéculateurs, aient été sans puissance pour arrêter des ministres dans un projet destructeur de la morale publique et des intérêts légitimes des particuliers.

Mais cette opération si contraire à la morale, à la justice, devra-t-elle du moins être profitable à l'État ? Nous n'hésiterons point à dire, et ici nous exprimerons le sentiment de tout ce qui porte un cœur d'honnête homme et de Français, que le profit que pourrait retirer l'État d'une opération injuste et immorale, ne saurait en justifier l'injustice et l'immoralité ; mais en définitive, il n'y a nul profit pour l'Etat dans cette opération condamnée par les motifs les plus impérieux.

Si l'intérêt de la rente en éprouve une diminution d'un cinquième sur les 150 millions environ de rentes sujets à la réduction, c'est-à-dire de 30 millions sur le paiement annuel de la rente; d'un autre côté, le capital de ces 150 millions, qui est en ce moment de trois milliards, devra s'élever à quatre milliards, au moyen de l'augmentation de 33 un tiers pour cent que recevra le capital des inscriptions de rentes; à quoi ajoutant le milliard du capital des 50 millions de rentes appartenant aux établissemens publics, le capital nominal de la rente, qui est de quatre milliards, se trouvera porté tout à coup à cinq milliards; et si, comme il faut bien l'espérer, un meilleur ordre administratif, et de nécessaires économies dans les dépenses publiques, permettent un jour, au lieu d'amortir, de rembourser successivement, avec les fonds réservés de *l'épargne française*, le capital de la dette, on se demande si, en supposant que le bénéfice annuel de 30 millions ne soit pas diminué, et peut-être absorbé par les conditions du marché avec les prêteurs des fonds pour l'opération projetée, ce bénéfice ne sera pas plus qu'effacé par la nécessité de rembourser cinq milliards du capital futur, au liu de quatre du capital actuel?

Et si nous voulions nous livrer à des suppositions que la mobilité des évènemens et les faux systèmes politiques de cabinets soumis à l'influence ministérielle de France, ne permettent pas de mépriser, ne pourrions-nous pas redouter que si quelque incident fâcheux venait saisir l'opération gigantesque dans son moment de crise, il n'en résultât des calamités dont il est difficile de mesurer l'effrayante profondeur?

Immorale, injuste, et contraire aux véritables intérêts de l'État, dont elle peut, dans certains cas, compromettre l'existence, au moins insignifiante en définitive pour le Trésor, et bien certainement ruineuse pour les rentiers, à qui l'État doit le crédit dont il s'arme aujourd'hui contre eux, l'opération projetée ne peut réellement offrir quelques chances favorables qu'à l'agiotage; et, sous ce rapport, encore plus que sous aucun autre, les Chambres la réprouveront bien certainement, par tous les moyens de contrôle des actes administratifs, et même d'accusation et de jugement des ministres, que la Charte a mis en leur pouvoir.

Il est au moins singulier que les ministres, dont la politique s'est montrée si opposée aux évènemens glorieux qui ont si puissamment contribué à donner de l'élan à notre crédit, viennent aujourd'hui s'emparer d'une hausse à laquelle ils sont tout à fait étrangers, pour la soumettre à de fausses combinaisons, et s'en attribuer tout l'honneur. Nous dirons d'abord aux ministres que cette hausse de fonds, s'ils avaient su tirer parti des évènemens qui l'ont produite, aurait dû s'élever à 155, relativement aux trois pour cent anglais, qui, nous croyons pouvoir l'affirmer, ne reposent pas sur des garanties plus solides que notre rente; nous ajouterons que cette inhabileté financière qui laisse subsister, sans autre motif déterminant, une différence si notable au préjudice du cours de la rente, est loin de donner aux ministres le droit de s'arroger le mérite de la hausse de nos fonds, telle qu'elle a eu lieu, et qu'on ne peut raisonnablement attribuer cette hausse qu'à la seule considération de nos victoires et de nos immenses ressources.

Si les ministres avaient l'air de ne pas comprendre ceci, nous les prierions de vouloir bien méditer ces paroles extraites de la première livraison du *Conservateur*, et qui semblent écrites d'hier : « Je veux dire un mot « (c'est M. de Chateaubriand qui parle), je « veux dire un mot sur l'état florissant de la « rente. Il est tout naturel que le parti (le parti « Decazes) s'en attribue la gloire; il survient

« un succès, on en profite pour s'en vanter :
« tout ministère en ferait autant; mais les
« hommes d'État savent à quoi s'en tenir. —
« Il n'est question, dans la hausse actuelle des
« fonds, ni de génie ni d'habileté : la force
« des choses a tout fait. Nos fonds montent,
« parce que le fardeau de la dette, bien qu'é-
« norme, ne passe pas encore nos forces,
« parce que notre caisse d'amortissement est
« richement dotée, parce que nos fonds cher-
« chent le niveau des autres fonds de l'Eu-
« rope; l'argent se met en équilibre avec l'ar-
« gent...... Le crédit suit le gouvernement
« représentatif comme l'ombre suit le corps.
« .......... Placez au timon de l'État les
« hommes les plus incapables, dans les cir-
« constances les plus orageuses, et maintenez
« la Charte; vous n'aurez ni banqueroute, ni
« même une baisse sensible des effets publics :
« bien plus, il pourrait se faire que les fonds
« montassent au milieu de l'ineptie et du
« bruit. »

## CHAPITRE XVIII.

### Du jeu de la Bourse.

UNE cause principale de la variation de nos fonds et du cours peu élevé où nous les voyons, relativement au cours des fonds anglais, surtout par rapport à notre situation prospère, c'est sans contredit l'état d'abandon dans lequel on laisse la Bourse, livrée à toutes les manœuvres de l'agiotage le plus effrayant. Nous nous plaisons à rapporter, d'après un ouvrage fort intéressant sur ce qui se passe à la Bourse (1), une opinion de l'honorable M. Syrieys de Mayrinhac, exprimée en ces termes dans la Chambre des députés pendant la dernière session :

« Cette cause est un nouveau *jeu de hasard*,

---

(1) *De la Bourse, et des spéculations sur les effets publics ;* par M. Coffinières, docteur en droit, et avocat à la Cour royale de Paris. Cet ouvrage, fort bien fait, nous a été d'un grand secours pour toute cette partie de notre écrit relative à la Bourse.

« qui se fait sans aucune mise, et souvent sans « aucune responsabilité; jeu aussi immoral « *dans sa source,* et aussi funeste dans ses « conséquences, que celui qui afflige tous les « jours la société. S'établissant sur une plus « grande échelle, les résultats en sont plus « dangereux; et comme le joueur n'achète ou « ne vend que des paroles, le jeu devient sans « limites; le gain ou la perte n'est que la dif- « férence qui existe entre le cours de la rente « au commencement de la partie, et son cours « à la fin : c'est ce qu'on appelle *marchés à* « *terme,* spéculation qui, par ses abus, a déjà « appelé l'attention des tribunaux, et sur la- « quelle l'opinion publique attend avec impa- « tience la jurisprudence de la Cour suprême. » (*Moniteur* du 9 mars 1823.)

Depuis long-temps les hommes honnêtes, les sincères amis de la prospérité publique, gémissaient sur les désordres produits par ces marchés à terme, véritables paris, dont la quotité, suivant l'extrême variation des fonds, est trop souvent au-dessus des forces de l'imprudent joueur. On voyait avec douleur la probité souvent méconnue, les familles ruinées, le crédit public compromis par ce jeu scandaleux, protégé en quelque sorte par le silence de l'autorité, qui aurait dû y mettre un terme.

« Les mutations réelles (les *marchés au* « *comptant*) qui s'effectuent à la Bourse, dit « M. Coffinières, ne sont pas assez nombreuses « pour procurer à chacun des agens de change « de Paris un revenu de deux ou trois cent mille « francs, en droit de commission. — D'ailleurs, « il faut être possesseur d'inscriptions de rentes « sur le grand-livre, ou de capitaux plus ou moins « considérables, pour se livrer à des opérations « de ce genre; et il importe, surtout à ceux qui « n'ont rien à perdre, qu'on puisse courir la « chance des spéculations les plus colossales « sans bourse délier. — Ainsi, l'intérêt personnel « des agens de change, et la manie des spécu- « lations, ridicule chez celui qui n'a ni capi- « taux ni crédit, funeste pour celui qui jouit « d'une fortune considérable; telles sont les « causes qui ont donné une direction toute nou- « velle à la négociation des effets publics (1). »

De là ce que l'on appelle les *marchés à terme*, dans lesquels, sans se connaître et sans rien donner ni en rentes ni en argent, et tout au plus en déposant chacune de son

(1) *De la Bourse, et des spéculations sur les effets publics*, page 84.

côté, entre les mains de son agent de change, une *couverture*, c'est-à-dire de quoi payer la différence éventuelle en hausse ou en baisse à la fin du mois, deux personnes parient l'une contre l'autre, l'une que la rente montera, l'autre que la rente baissera. S'il arrive qu'il n'y ait pas de *couverture* déposée, ou que la *couverture* ne soit pas suffisante pour *couvrir* la différence perdue par un des joueurs, il y a déficit, et de là sont nés, à diverses reprises, ces procès scandaleux où l'on a vu des agens de change se présenter comme les adversaires de leurs propres clients, pour des négociations dans lesquelles trop souvent ces mêmes agens de change sont parties.

On peut se figurer les graves inconvéniens de ces marchés, où tout est fictif, l'objet vendu comme le prix de la vente ; où il s'agit seulement, mais à la vérité sur des masses de rente hors de toute proportion, d'une différence à payer par celui qui s'est trompé dans le calcul des évènemens, à celui qui a été plus...... heureux, ou peut-être plus adroit, nous allions dire fripon.

Le jeu est terrible, car la rente est variable par plusieurs causes qui naissent des évènemens, et par d'autres causes combinées pour des mouvemens à la hausse ou à la baisse. On conçoit dès lors que le jeu devient encore plus terrible contre les joueurs assez malencontreux pour avoir contre leur chance des hommes qui parient à coup sûr. Les appâts les plus séduisans sont offerts à la cupidité, les piéges les plus perfides sont tendus à la bonne foi ; et la cupidité et la bonne foi, qui croient savoir et qui ignorent tout, viennent succomber de compagnie devant l'homme *instruit* qui est assez bien posé pour lire dans l'avenir. Il arrive assez ordinairement que ceux qui peuvent pénétrer dans tel cabinet sont plus heureux que les autres. On cite même à ce sujet de scandaleux bénéfices qui ont porté à plusieurs centaines de mille francs, à plusieurs millions, des fortunes naguère médiocres. A ce jeu, dont les chances, dans leur quotité, peuvent s'étendre à l'infini, le joueur, plus exposé qu'en d'autres jeux, où il ne peut perdre du moins que ce qu'il a pu ou voulu hasarder, perd ce qu'il a, et même ce qu'il n'a pas. On a vu de ces malheureux joueurs se livrer à des opérations disproportionnées avec leurs moyens, dans l'effroyable dessein de se donner l'alternative d'un riche palais, ou de la Morgue.

Telle est la masse de calamités et de turpitudes dont ce jeu infâme et cruel enveloppe les particuliers. Des inconvéniens non moins sensibles en résultent pour le crédit public, froissé par les variations auxquelles donnent lieu les mouvemens calculés de la hausse et de la baisse, variations qui peuvent provenir aussi de toutes les valeurs fictives en rentes dont ces marchés font mention, et qui augmentent, dans le mouvement de la négociation, la quantité réelle des rentes. L'agriculture, le commerce, l'industrie en souffrent également, en ce qu'ils sont privés d'énormes capitaux, que les joueurs sont obligés de tenir en réserve, ou de déposer, pour faire face au paiement des différences éventuelles auxquelles la fin du mois peut donner lieu.

Lorsque M. de Villèle fut arrivé au ministère des finances, on espéra voir enfin mettre un terme à de pareils désordres, et voir cesser un état de choses si nuisible à la prospérité publique, et réprouvé par la morale. Le bruit en effet courut immédiatement que le nombre des agens de change allait être augmenté, que les anciennes lois allaient être mises en vigueur contre les marchés fictifs, et que, selon le vœu de l'article 90 du Code, il allait être pourvu par des règlemens d'administration publique, à tout ce qui, dans ce sens, pouvait être relatif à la négociation et à la transmission des effets publics. L'attente générale à cet égard fut trompée, comme malheureusement elle l'a été sous tant d'autres rapports. Faut-il le dire? après toutes ces grandes menaces dont la Bourse avait tremblé, la Bourse a été plus que jamais le théâtre des opérations les plus désordonnées, des chutes les plus effrayantes et des fortunes les plus scandaleuses; de telle sorte que cette tolérance extrême, de la part du ministre de qui l'on attendait le plus de sévérité, a donné lieu à plus d'un fâcheux commentaire, dont fort heureusement la vieille réputation de M. de Villèle absout le ministre.

Les Chambres n'auront pas moins à demander à M. de Villèle un compte rigoureux des scandales de la Bourse, que l'exécution des lois et de sages règlemens auraient victorieusement arrêtés dans leur dévergondage, et dont ils auraient facilement prévenu le retour.

En forçant la Bourse à ne s'occuper que de marchés réels, il y aurait eu achat et vente, et jamais de jeu. La rente se serait mieux classée; les énormes capitaux que le besoin de faire face au paiement des différences tient enfouis dans le coffre fort des joueurs, ou renfermés dans la caisse des agens de change, ces capitaux, devenus disponibles, auraient naturellement reflué sur l'agriculture, le commerce et l'industrie; la morale publique y aurait gagné; les fortunes, plus stables, seraient entrées avec plus de bonheur dans le mouvement général des affaires, et le crédit public aurait pris une extension et une fixité que, dans l'état des choses, il ne saurait jamais obtenir.

Lorsque la justice ayant à s'occuper de ces paris, que la morale condamne aussi haut que la loi, il lui a été donné de porter un regard sévère sur ces opérations illicites et criminelles, ainsi que sur la conduite de ceux qui les dirigent, on n'a pas été peu surpris de voir son influence réparatrice trouver une sorte de contradicteur dans l'administration; mais « la Cour royale de Paris, dit « M. Coffinières, a prouvé que la protec« tion de la loi était seule puissante auprès « d'elle (1). »

---

(1) *De la Bourse, et des spéculations sur les effets publics*, page 102.

Dans les débats qui eurent lieu devant la Cour, à l'occasion d'un procès célèbre, il a été démontré, d'après des renseignemens précis, que la compagnie des agens de change de Paris, composée de soixante membres seulement, perçoit annuellement une somme de 18 millions environ, en droit de commission ou de courtage. Sur cette somme annuelle de 18 millions, M. Coffinière pense que les opérations à terme, *les marchés fictifs*, peuvent compter pour 12 millions. Si l'on ajoute à ce premier bénéfice, qui porte le produit annuel de chaque étude d'agent de change à cent mille écus, le produit bien plus considérable du jeu que les agens de change qui s'y livrent portent à un point excessif, ainsi que le prouvent certaines banqueroutes éclatantes de quelques-uns de ces messieurs; si l'on y ajoute la facilité qu'ils ont de jouer avec leurs propres cliens, facilité dont il est démontré que quelques-uns n'ont que trop profité; si l'on y ajoute les violations considérables de dépôts dont ceux qui ont récemment disparu se sont rendus coupables, on sera aussi effrayé de la masse de fonds absorbée par la compagnie des agens de change, et de la masse plus grande encore des capitaux que le jeu scandaleux de la Bourse tient pour ainsi dire en échec, qu'on sera indigné de la conduite répréhensible de l'administration, qui n'a pas même l'air de s'apercevoir de tous ces désordres.

C'est aux Chambres qu'il appartient de faire expliquer M. le ministre des finances sur un point qui intéresse éminemment sa responsabilité, sous les divers rapports de la morale, des intérêts privés, du crédit public, dont les droits ont été méconnus, et les besoins trop peu ménagés.

## CHAPITRE XIX.

### De l'alliance du ministère avec une coterie.

Nous avons dit que, « depuis long-temps, il était malheureusement d'usage en France que, tandis qu'un ministère venait de tomber devant l'opinion, le ministère en remplacement fût élevé par une coterie (1). » A chaque révolution ministérielle, ce fut là toujours la cause des déceptions de la France. La Chambre des députés, qui avait défait l'ancien ministère, ne fut presque pour rien dans l'influence qui présida secrètement à la formation du nouveau. Depuis long-temps une coterie puissante, formée en apparence des élémens les plus opposés, dominait les salons royalistes de la capitale. Le point central de cette coterie, celui dans lequel sont venues se fondre d'autres petites puissances, a été créé sous les

(1) Voir chapitre IX, page 84.

auspices les plus honorables, mais a depuis dégénéré de son origine, comme toutes les choses bonnes de leur nature, que l'esprit d'intrigue et les petites ambitions personnelles viennent gâter, en les faisant servir à leurs misérables projets.

Après un temps de bouleversement moral et politique, qui avait relâché dans le peuple les liens de la discipline religieuse, des hommes du plus grand mérite et de la plus haute vertu conçurent le généreux dessein de redonner à la religion son ancien éclat, et par d'utiles exemples et le concours de bonnes œuvres placées sous sa divine influence, de relever son empire affaibli dans l'esprit de la masse du peuple de cette immense capitale.

Ils formèrent dans ce noble but des congrégations, où ils appelèrent tous les hommes qui voulurent prendre part à leurs bonnes œuvres. Mais les chefs de ces congrégations, ou, pour mieux dire, de la congrégation, étaient puissans, ou le devinrent par l'heureuse restauration du trône légitime, autour duquel le privilége de leur naissance et l'autorité de leur mérite personnel les rangeaient comme les plus beaux ornemens de la couronne de France. Dès ce moment l'ambition fit presque autant de prosélytes que l'amour de la religion; l'intérêt personnel trouva son compte à faire partie d'un corps où il trouvait les moyens de satisfaire ses prétentions désordonnées. La congrégation, qui jusque-là ne s'était occupée de la terre que dans l'intérêt du ciel, a fait depuis trop servir le ciel à des considérations terrestres. A côté d'un Montmorency, sans doute il est encore un nombre infini d'hommes recommandables qui marchent sur les traces de ses éminentes vertus, et n'ont d'autre but que de participer à ses honorables actions : mais au sein même de cette imposante réunion, de ce qu'il y a de plus vertueux et de plus honorable en France, il est une foule trop considérable d'hommes guidés par d'autres motifs, qui profitent de la haute considération de ceux qu'à leur insu ils font servir au triomphe de leurs prétentions individuelles, pour asseoir l'édifice improvisé de leur fortune.

La congrégation, telle qu'ils l'ont faite, ayant réellement à sa suite la vertu, qui en apparence paraît être à sa tête, s'est associée tout ce qui pouvait concourir à des vues d'ambition personnelle, couvertes du voile le plus saint et le plus sacré parmi les hommes. Tout homme tombé dans la disgrâce en a été impitoyablement dédaigné ; et sous quelque figure que la faveur se soit offerte à ses regards, elle en a été favorablement accueillie. De-là ce scandaleux alliage de ce qui paraissait devoir éternellement se repousser ; de-là les intrigues du boudoir mêlées avec les formes apparentes de la religion et de la vertu ; de là cette profanation des pratiques les plus révérées, cachant mal chez certains hommes coupables des plus honteuses complaisances, les vices affreux de la plus déplorable corruption : le matin recevant ce Dieu qui donne la mort au méchant, le soir adorant l'impudique, et se faisant le complice officieux de scandales dont il attend la conservation de sa place et l'accroissement de sa fortune ; cet homme-là est insolent parce qu'il est bas, et devient oppresseur parce qu'il croit inébranlable un pouvoir pour lequel il fait de tels sacrifices.

Le ministère, qui n'a point été élevé par l'opinion, ne s'est point soutenu non plus par l'opinion, dont au contraire il semble s'être fait une étude de méconnaître les besoins ; il ne s'est élevé, il ne s'est maintenu, il ne s'est même *épuré*, à sa manière, que par la puissance de cette coterie intrigante et sacrilégement vicieuse sous le masque officieux de la religion. Aussi a-t-il semblé imposer aux gens médiocres d'esprit et de cœur, qu'il a cru pouvoir admettre sans crainte à la participation secondaire de sa puissance, les formes de la vertu, tout en leur demandant les vices de la faiblesse. La morale publique n'a pas moins souffert que l'intérêt de l'Etat de cette profanation, qui, changeant tous les rôles, trompe sur les choses et surtout sur les personnes, faisant trop souvent, hélas! un impie de l'homme vertueux, et du scélérat le seul et véritable honnête homme. Le vieux révolutionnaire même, à qui l'on a semblé demander au moins l'apparence de la vertu, pour justifier les bontés extraordinaires que l'on a pour lui, s'est fait hypocrite, et n'a plus été qu'un homme égaré, devenu un petit saint. Tout ce qui a voulu se couvrir de cette forme magique, en conservant tout le fond nécessaire pour se prêter aux caprices de la puissance et aux besoins de la scandaleuse alliance du boudoir, est devenu propre à tout, et en même temps capable de tout.

On dit que le ministère, fatigué des exigences de la coterie, serait bien aise de s'affranchir de son influence impérieuse. Il avait pour cela un moyen simple et victorieux : c'était de se mettre à la tête de l'intérêt général, de satisfaire à tous les besoins légitimes et toujours méconnus de l'opinion ; devant cette puissance redoutable, la coterie se fût évanouie. Mais sans doute le ministère ayant un autre but que celui que se propose l'opinion, a voulu conserver comme moyen une puissance qui fût contraire à l'opinion, et les moindres caprices de la coterie ont été satisfaits. C'est afin de complaire à ces caprices, et aussi pour se débarrasser d'un collègue incommode, que l'influence ministérielle et la puissance de la coterie se sont réunies pour la chute d'un ministre qui avait contre lui le double malheur d'avoir mécontenté une belle solliciteuse par sa rigide probité, et de n'être pas trop amoureux du système de balancement des partis, base de la politique influente du ministère.

Il nous est difficile de donner d'autres explications sur une alliance funeste, qui depuis long-temps est devenue un fait public. Il appartient aux accusateurs et aux juges constitutionnels des ministres de s'emparer de ce fait, et d'examiner, d'après les détails qui lui sont propres, si, sous les divers rapports de la politique, de l'administration et même des finances, l'intérêt général n'aurait pas été trop scandaleusement sacrifié à des intérêts personnels, et dans quel but criminel ces scandaleux sacrifices auraient eu lieu. Les recherches auxquelles on se livrera sur ce sujet important, donneront probablement la clef d'une foule de déceptions, dont sans cela peut-être il serait difficile de se rendre compte, et, dans ce cas, devront jeter une vive lumière sur les fautes nombreuses de l'administration.

## CHAPITRE XX.

### De l'oppression de la liberté de la presse. Libraires. Imprimeurs. Journaux.

Le moyen le plus fort que le ministère et la coterie aient mis en usage pour établir sans contradicteurs leur funeste domination, c'est sans contredit de s'emparer de tous les points par où la pensée pourrait s'échapper, pour soumettre leurs actes au contrôle nécessaire de l'opinion. « On a surtout horreur, » a dit M. de Chateaubriand, et nous avons bien le droit de le répéter après lui, « on a surtout « horreur de la liberté des journaux, qui dé« jouerait tant de petits projets, qui mettrait à « nu tant de médiocrité (1). » — « Cependant, « a dit en d'autres endroits l'illustre écrivain, « point de gouvernement représentatif sans la « liberté de la presse. Voici pourquoi : le gou-

(1) *Du Système politique suivi par le ministère* (1817), page 57.

« vernement représentatif s'éclaire par l'opi-
« nion publique, et est fondé sur elle. Les
« Chambres ne peuvent connaître cette opi-
« nion, si cette opinion n'a point d'organes.
« — Dans un gouvernement représentatif, il
« y a deux tribunaux : celui des Chambres,
« où les intérêts particuliers de la nation sont
« jugés; celui de la nation elle-même, qui
« juge en dehors les deux Chambres. — Dans
« les discussions qui s'élèvent nécessairement
« entre le ministère et les Chambres, com-
« ment le public connaîtra-t-il la vérité, si les
« journaux sont *sous la censure* du ministère,
« c'est-à-dire sous l'influence d'une des parties
« intéressées? Comment le ministère et les
« Chambres connaîtront-ils l'opinion publi-
« que....., si cette opinion ne peut librement
« s'exprimer (1)? » — « Dans ce gouverne-
« ment, tout doit être connu, porté au tribu-
« nal de l'opinion (2). » — « Il est de toute
« impossibilité, il est contre les principes
« d'une monarchie représentative, de livrer
« exclusivement la presse au ministère, de lui

(1) *De la Monarchie selon la Charte.* — *Mélanges politiques,* page 601.

(2) *Idem, page* 582.

« laisser le droit d'en disposer selon ses inté« rêts, ses caprices et ses passions, de lui « donner le moyen de couvrir ses fautes, et « de corrompre la vérité (1). » — « Si vous « livrez la presse au ministère, vous lui don« nez le moyen de faire pencher de son côté « tout le poids de l'opinion publique, et de « se servir de cette opinion contre les Cham« bres ; la Constitution est en péril (2). » — « Que les ministres soient des hommes de ta« lent, qu'ils sachent mettre de leur parti le « public et la majorité des Chambres, et les « bons écrivains entreront dans leurs rangs, « et les journaux les mieux faits et les plus « répandus les soutiendront. Ils seront cent « fois plus forts, car ils marcheront avec l'o« pinion générale. Quand ils ne voudront plus « se tenir dans l'exception, et contrarier l'es« prit des choses, ils n'auront rien à craindre « de ce que l'humeur pourra leur dire. Enfin, « tout n'est pas fait dans un gouvernement « pour des ministres (3). » — « Les ministres « habiles ne craignent point la liberté de la

(1) *De la Monarchie selon la Charte.* — *Mélanges politiques*, page 604.

(2) *Idem*, page 601.

(3) *Idem*, page 609.

« presse : on les attaque et ils survivent (1). »

Il paraît que les ministres actuels ne craignent pas moins la liberté de la presse que leurs prédécesseurs, et qu'ils pensent, tout aussi bien que leurs prédécesseurs, que tout est fait pour eux dans le gouvernement. Ils n'ont point à la vérité rétabli *la censure* telle que les anciens ministères l'avaient faite; cette institution inquisitoriale de la presse a été perfectionnée : voulant conserver à l'opinion *l'apparence* de la liberté, afin de tromper plus sûrement les esprits, le ministère a laissé subsister la liberté de la presse dans nos lois; et les instrumens naturels de cette liberté sont dans ses mains, prêts à être brisés au gré de ses besoins ou de ses caprices. On profite de la plus mince occasion et du prétexte le plus futile pour ôter au libraire sa licence et à l'imprimeur son brevet; le libraire et surtout l'imprimeur, frappés de la crainte d'une disgrâce qui peut leur enlever leur état, le pain de leur famille, ne se chargent qu'en tremblant, et souvent ne veulent point du tout se charger de la vente ni de l'impression des ou-

(1) *De la Monarchie selon la Charte. — Mélanges politiques*, page 608.

vrages, même les plus licites et les plus honorables, qui s'attaquent à l'administration. Ce qui nous est personnellement arrivé pour cet écrit, et que nous avons rapporté dans notre *Avertissement*, n'est que la conséquence rigoureuse du système de terreur adopté par le ministère à l'égard des libraires et des imprimeurs.

Les Français ont le droit *de publier et de faire imprimer* leurs opinions : mais ce droit n'est-il pas illusoire, si celui qui imprime et celui qui vend les écrits renfermant les opinions, sont contraints, par la peur de l'arbitraire, à refuser d'imprimer et de vendre? Admettre que l'imprimeur et le libraire peuvent être légèrement privés de leur état, n'est-ce pas ôter au droit de la liberté de la presse les moyens d'être exercé? N'est-ce pas détruire réellement la liberté de la presse? Si l'on veut que cette liberté soit réelle, il faut nécessairement admettre que l'imprimeur et le libraire, une fois brevetés, doivent être aussi libres, aussi protégés dans l'action d'imprimer et dans celle de vendre un écrit, que tout Français est constitutionnellement libre et protégé dans l'action de publier et de faire imprimer ses opinions, sauf la part relative de responsabilité de l'imprimeur, du libraire et de l'écrivain, dans chacun de ces actes respectifs, mais sans que l'administration puisse, sous aucun prétexte, venir jamais tromper le vœu de la Charte par son action arbitraire : qui veut la fin, veut les moyens. Il sera utile de demander compte aux ministres des tentatives que leurs agens ont faites, en diverses circonstances, pour effrayer les imprimeurs occupés à imprimer certains écrits, au point de leur faire abandonner des ouvrages déjà bien avancés, leur imposant ainsi, par la terreur, le sacrifice du gain qu'ils en attendaient, et de la perte occasionnée par les dépenses de main-d'œuvre déjà faites. Il devient urgent d'examiner l'usage que les ministres ont fait de l'article 12 de la loi du 21 octobre 1814, introduit dans notre législation à la suite d'une discussion législative, où des ministres prétendirent que le mot *réprimer*, dans l'article 8 de la Charte, signifie *prévenir :* cet article 12 dispose que « le brevet pourra être retiré à tout imprimeur ou libraire qui aura été convaincu, par un jugement, de contravention aux lois et règlemens. » Cet article n'a-t-il pas besoin d'être revu, modifié ou expliqué, afin que l'administration ne puisse pas s'arroger la triste faculté de rendre nul le droit constitutionnel de la liberté de la presse, en tenant l'épée de Damoclès suspendue sur la tête de ceux qui sont les instrumens nécessaires du développement de ce droit.

L'honorable état d'imprimeur est devenu des plus misérables, et l'on voit trop le projet de diminuer, par des dégoûts et par des persécutions, le nombre des hommes qui seraient tentés de le continuer ou de l'entreprendre : on voudrait éteindre à leur source les lumières de l'opinion ; idée encore moins criminelle que bizarre, et bien digne de l'esprit tranchant qui voudrait réduire la littérature et la politique à la bibliothèque du bouquineur.

Mais c'est surtout dans les journaux que les ministres ont plus particulièrement poursuivi le droit de contrôle de leurs actes, exercé dans le but d'éclairer l'opinion. Leurs prédécesseurs s'étaient contentés d'exercer, quand ils l'avaient pu, une censure préventive, en vertu d'une loi, et dans les intervalles où la censure n'exerçait pas son empire, ils s'étaient bornés à publier la défense de leurs systèmes, et à faire attaquer leurs adversaires dans quelques journaux seulement, payés à cet effet ; la censure que les ministres actuels exercent sur les journaux qu'ils veulent bien encore laisser vivre, ou qu'ils n'ont pu attirer à eux, pour être occulte, n'en est que plus sûre et plus oppressive. Les anciens ministères n'avaient à leurs ordres qu'un petit nombre de journaux; le ministère a conçu le dessein dispendieux de les avoir tous en sa puissance.

Le premier soin du ministère a été de ne plus accorder à qui que ce soit l'autorisation de faire paraître de nouvelles feuilles, transformant ainsi une faculté de simple surveillance préventive à l'égard des demandes en autorisation qui ne présenteraient pas de suffisantes garanties, en un droit absolu de repousser tout moyen de publicité, droit que la Charte réprouve, et que ne saurait admettre le besoin indispensable de la responsabilité ministérielle. Ceci est un point important, qui ne peut échapper à l'investigation des Chambres. Les ministres sont responsables de l'exécution des lois en général, mais ils doivent un compte plus rigoureux de la manière dont ils ont usé de celles qui ont placé dans leurs mains un pouvoir arbitraire. En premier lieu, l'arbitraire légal ne peut s'exercer que dans le sens que la loi l'a entendu; en second lieu, l'arbitraire légal n'ayant été accordé que pour en user dans un but quelconque d'intérêt général, il importe plus particulièrement de savoir si les ministres n'en auraient point abusé dans des vues personnelles, pour le triomphe criminel d'intérêts privés, opposés au bien public, et contraires aux besoins de la Constitution et à l'esprit des lois en général. Or, si les ministres ont systématiquement rejeté *toutes* les demandes en autorisation qu'on leur a faites, et qu'il soit reconnu qu'ils se soient servis, pour étouffer la liberté de la presse, d'une faculté qui ne leur avait été accordée que pour en épurer l'action dans un point essentiel, les ministres ont bien certainement compromis leur responsabilité, pour avoir violé le droit constitutionnel de la liberté de la presse, *sans laquelle il n'est point de gouvernement représentatif*, et qui est l'un des plus sûrs garans de la responsabilité ministérielle.

Après avoir fermé la porte à tous les journaux qui auraient pu entrer dans la lice, le ministère s'est occupé des journaux existans, pour les en faire disparaître, ou du moins pour en neutraliser l'action; semblable à la couleur noire, qui absorbe tous les rayons lumineux, et qui ne saurait en réfléchir aucun.

Nous pourrions entretenir longuement ici les accusateurs et les juges constitutionnels des ministres, de ce qui s'est passé au sujet du journal *le Régulateur;* mais cette affaire nous étant personnelle, il sera plus convenable que nous en parlions en un autre endroit, lorsqu'il nous conviendra de faire entendre nos justes réclamations au sujet de l'injustice que nous avons reçue, et des peines *correctionnelles* que le ministère n'a pas craint de provoquer contre un des plus fidèles serviteurs du Roi, afin de le punir d'avoir osé publier un journal en vertu d'une autorisation royale dans toute sa force, et dont la justice a pleinement reconnu la validité.

Cette persécution sans excuse ne fut que la suite et le prélude des actes peu convenables du ministère au sujet des journaux. Il commença par s'attacher quelques rédacteurs au moyen de quelques pensions, dont l'argent fut pris sur les fonds votés au budget, pour être distribués à titre d'encouragement aux gens de lettres, aux savans et aux artistes. Mais ce moyen parut bientôt insuffisant, ou bien peut-être n'était-il qu'un acheminement à une opération plus décisive. On avait pris à loyer quelques journalistes, on voulut acheter les journaux.

Une caisse d'amortissement, dotée d'une

somme de six millions, et dont un ami particulier des ministres voulut bien être le directeur, fut chargée d'attirer à elle les journaux en circulation, pour les amortir ou les éteindre. C'est ainsi que successivement *la Foudre*, *l'Oriflamme* et *les Tablettes universelles* ont disparu sous divers prétextes. Le premier de ces journaux n'avait coûté que vingt-six mille francs; mais le second en a coûté plus de deux cents mille, et le dernier deux cents soixante mille. On a offert du *Constitutionnel* seize cent mille francs; l'offre n'a point été acceptée: mais ne pouvant l'avoir en gros, on a essayé de le conquérir en détail; et déjà plusieurs actions, à ce qu'on affirme, sont achetées. Le ministère parviendra-t-il ainsi à obtenir la majorité? C'est encore une question.

Dans d'autres journaux, où la masse des propriétaires s'est également refusée à l'action de la Caisse, l'on a cherché, et l'on est quelquefois parvenu à armer les actionnaires les uns contre les autres; c'est ce qui explique, pour *le Drapeau blanc*, la retraite de MM. de La Mennais, de Saint-Victor et O'Mahony, propriétaires de six actions sur douze, mais ayant contre eux la réunion des six autres douzièmes, et un concours de circonstances difficiles et tracassières, qui ne leur a pas permis de tenir position. La Caisse est devenue successivement propriétaire de toutes les actions qui pouvaient la rendre maîtresse de ce journal, qui, après avoir subi *l'amortissement* dans son esprit, est aussi menacé d'être frappé de *l'extinction* dans son matériel. Pour quelques misérables cent mille écus, le ministère se sera donné le plaisir de faire disparaître cet importun *Drapeau blanc*.

Une autre feuille a été attaquée à peu près de la même sorte, et jusqu'ici elle a résisté, non sans peine, au vice de sa position. Sur douze actions, cinq ont été achetées deux cent quarante mille francs; et pour avoir la majorité, on a offert depuis deux cent mille francs au propriétaire de deux autres douzièmes, qui a refusé. Nous connaissons d'autres manœuvres employées chaque jour contre ce journal royaliste; mais nous n'en parlerons pas, guidés par le seul motif de ne point aggraver les difficultés où se trouvent embarrassés des propriétaires légitimes, au sein même de leur propriété.

On a vu paraître dernièrement deux *Pilotes*; on ne sait pas encore ce qu'a coûté à la Caisse celui des deux qui se défend de paraître sous les auspices du ministère.

A la masse des sommes que la Caisse d'Amortissement des Journaux a déboursées ou qu'elle a offertes, dans son mouvement d'absorption, et de celles qu'il tient en réserve pour d'autres besoins de même nature, ajoutez environ trente mille francs par mois pour entretien du personnel et du matériel de journaux amortis et non éteints, ainsi que pour gratifications aux journaux dont le ministère se croit assez sûr pour ne pas se croire obligé de les acheter, et vous vous convaincrez de l'emploi régulier des six millions de la Caisse, dont il est plus facile de justifier l'emploi que d'en expliquer la source.

Les Chambres, en prenant connaissance de ces faits accusateurs, en creusant dans la profondeur de ces scandaleux détails, auront tous les moyens nécessaires de reconnaître d'où vient cet argent, que l'on emploie d'une manière si ostensible à des marchés affligeans pour la morale publique, et destructeurs du droit le plus essentiel à l'action des formes de gouvernement déterminées par la Charte. Peut-être découvriront-elles la vérité, en rapprochant l'existence de cet énorme dépôt, des sommes considérables que le public accuse certain marché fameux d'avoir procuré en bénéfices extraordinaires, au détriment du Trésor : si la supposition de ces bénéfices extraordinaires est fondée, il serait en effet assez naturel que ceux-là payassent le silence, qui croiraient en avoir un besoin plus absolu.

Les projets du ministère, relativement à la liberté de la presse, ne sont pas plus rassurans que ses actes connus. On annonce qu'un article du budget présentera pour les journaux une augmentation du droit de timbre, qui porterait ce droit à une valeur quatre ou cinq fois plus élevée que son taux actuel. Si la proposition de cette augmentation d'un droit fiscal, en haine d'un droit politique, est faite aux Chambres, sans doute elle en sera repoussée; car elles ne pourront y voir qu'un moyen de plus que le ministère serait bien aise de mettre en usage pour perfectionner, au profit de son despotisme, le système silencieux de l'oppression de la pensée.

En attendant le moment, sans doute peu éloigné, où les accusateurs et les juges constitutionnels des ministres leur demanderont compte de ce qu'ils ont fait et de ce qu'ils font tous les jours contre la liberté de la presse, afin d'éloigner toute critique de leurs actes passés et toute surveillance de leurs actions futures, nous prierons ces ministres, qui se croient bien habiles, de nous dire ce qu'ils feront quand ils auront étouffé les journaux et les brochures; fouilleront-ils dans la poche de tout le monde pour y aller saisir l'anecdote manuscrite, pour arrêter dans son cours entraînant la nouvelle à la main? Et cette manière piquante et désespérée de publier la vérité, la fera-t-elle connaître avec moins d'attraits? la fera-t-elle rechercher avec moins d'empressement? Pauvres gens! essayez plutôt de supprimer la pensée; car c'est là le seul moyen d'en arrêter l'irrésistible expression.

Nous dirions à d'autres ministres que l'illusion d'une puissance éphémère aurait moins éblouis : Rentrez dans le chemin uni de l'intérêt général, et vous y serez suivis de tout ce qu'il y a d'hommes généreux et éclairés en France, de la France entière, qui ne demande qu'à être bien administrée, et à vivre doucement sous le sceptre paternel du Roi légitime, à l'ombre protectrice des institutions nécessaires au développement de notre ordre politique. Nous leur dirions après La Bruyère : « Un homme en place doit aimer son prince, « sa femme, ses enfans, et après eux les gens « d'esprit..... » Mais il faut que ces gens d'esprit soient aussi gens de cœur : donnez-leur à louer des actes louables ; faites qu'ils puissent se dévouer à des intérêts avoués par l'honneur et par la justice; et leur secours puissant vous vaudra mieux que l'œuvre infrúctueuse et mesquine de ces hommes dont vous croyez ne pouvoir vous servir qu'après leur avoir ôté toute leur considération, c'est-à-dire toute la force morale par laquelle un écrivain peut seulement être utile.

## CHAPITRE XXI.

### Un mot sur les dernières élections.

Les ministres reconnaîtront plus tard qu'ils se sont fourvoyés dans leurs calculs peu bienveillans sur la liberté de la presse, au sujet de laquelle ils se rendent tous les jours plus coupables, sans se montrer plus habiles; ils ont pu voir déjà qu'ils se sont grandement trompés par rapport aux dernières élections.

Il est bon de rappeler en peu de mots ce que nous avons dit précédemment sur les motifs réels qui ont déterminé le ministère à casser la dernière Chambre : « Le motif qui a « déterminé le ministère à faire casser la der- « nière Chambre, indique suffisamment quel « a été son but en en faisant appeler une nou- « velle : il avait contre lui une majorité fixe; « il a voulu se procurer de fortes minorités pour « en former une majorité flottante, qu'il pût « faire mouvoir au gré de sa politique. Le seul

« fait de la dissolution d'une Chambre émi-
« nemment royaliste, appelait naturellement
« une autre Chambre qui ne le fût pas au
« même degré. Le succès, qui a mal couronné
« cette déplorable combinaison, n'ôte rien à
« son évidente réalité, et permet seulement
« d'en faire repentir les imprudens auteurs. —
« On voulait obtenir une Chambre que l'on
« pût soumettre au mouvement de la bascule
« ministérielle; la force des choses seule a
« trompé de coupables calculs (1). »

Plusieurs faits de l'élection viennent en effet à l'appui de cette supposition, fondée sur les raisonnemens les plus simples et les plus positifs. Nous ne parlerons pas de cette masse de plaintes, dans le nombre desquelles il est bien possible qu'il y ait un peu d'exagération, mais où des pièces authentiques attestent du moins qu'il y a beaucoup de vérité.

Ces plaintes sont connues, et la mention qui en serait faite ici ne ferait que prolonger notre travail sans rien ajouter à leur autorité. Nous savons que, dans la catégorie de ceux qui se plaignent, beaucoup appartiennent à l'opinion opposée à la nôtre. Mais qu'importe l'opinion

---

(1) Voir chapitre VII, pages 60 et 61.

là où la loi serait violée? Pour avoir commis des actes illicites dans les élections, à l'égard même d'hommes que les motifs les plus graves pourraient faire désirer d'en voir écarter, ces actes illicites en existeraient-ils moins? et l'illégalité que vous auriez commise contre un malhonnête homme même, en serait-elle moins une illégalité? Si vos lois n'ont pas prévu tous les cas, rendez-les complètes; si elles sont mauvaises, changez-les; mais n'ajoutez pas au sacrilége de faire marcher dans la législation le mal à l'égal du bien, l'arbitraire toujours odieux qui naît de la violation de la loi; n'ajoutez pas au vice de la loi le vice d'une exécution blâmable.

Nous ne voulons point connaître quel est le sentiment politique de M. Brault, tout récemment encore sous-préfet de la Châtre; mais nous ne pouvons qu'approuver les motifs qui l'ont déterminé à refuser de voter dans un département où il n'avait aucun droit électoral. « L'obéissance aux lois du royaume, » a dit ce magistrat en faisant connaître son refus au préfet de l'Indre, « l'obéissance aux lois du « royaume est le devoir de tout Français; elle « est plus rigoureusement encore celui de tout « fonctionnaire, et fait partie de son serment.

« Je suis d'ailleurs profondément convaincu « que toute illégalité soufferte ou commise ne « peut que devenir funeste au service de S. M. « J'ai juré fidélité au Roi; je veux lui rester « fidèle : en conséquence, je vous prie de rece« voir ma destitution. » Il est permis d'estimer un homme qui parle et qui agit de cette sorte.

Mais dans les dernières élections, l'influence ministérielle ne s'est elle même réellement exercée qu'au détriment de ceux que l'on appelle *libéraux?* Les royalistes eux-mêmes n'en ont-ils pas reçu de rudes atteintes?

Il paraît que des administrateurs avaient compris l'intention ministérielle de faire arriver à la Chambre un mélange d'hommes de toutes opinions, les moins prononcés, même pour le bien, de préférence à ceux dont la noble énergie et la probité politique faisaient redouter la présence ou le retour dans une Chambre d'où la mesure de la dissolution les avait plus particulièrement exclus.

Nous voyons par des lettres insérées dans les journaux, que ce qui s'est passé au collége d'arrondissement de Condom, et la protestation qui en a été la suite, ont été provoqués par l'admission sans titres, dans le collége, de quarante-neuf individus d'une opinion toute opposée à l'opinion royaliste, et dont le concours devait servir à faire échouer la nomination du président de collége, candidat *apparent* du ministère, et candidat *réel* des royalistes.

A Rodez, l'élection de M. Clausel de Coussergues, dont l'acte d'accusation contre M. Decazes n'est sorti de la mémoire de personne, l'élection de M. Clausel de Coussergues a été fortement, mais fort inutilement à la vérité, repoussée par un ministère où siégent M. de Villèle et M. de Chateaubriand. En d'autres endroits, il s'est également établi une lutte entre des candidats ministériels et des candidats royalistes.

A Limoges, M. Rochon de Valette, royaliste éprouvé, et président de la Cour royale, a d'abord eu toutes les peines du monde à se faire inscrire sur la liste des éligibles; et lorsque cette inscription a été obtenue, le préfet s'est empressé de faire suspendre, à l'entrée de l'hôtel de la Préfecture, six feuilles contenant divers arrêtés, qui, par les motifs les moins spécieux, éliminaient de la liste du grand collége *plus du cinquième des électeurs; émigrés, enfans de ceux qui sont morts dans les rangs de l'armée de Condé, gentilshommes, chevaliers de Saint-Louis, principaux propriétaires, tous connus par leur dévoûment à la famille royale.....* Le député en concurrence avec M. Rochon de Valette n'a été nommé qu'à une majorité de quatre voix.

Dans le département de la Marne, des scènes encore plus scandaleuses et plus violentes ont eu lieu, toujours en haine du plus pur royalisme. A Reims, à Châlons, à Epernay, l'auteur de l'adresse qui a fait tomber le ministère auquel le présent ministère a succédé, M. de Lalot, si estimé et si justement aimé dans un pays témoin de ses vertus et glorieux de compter un tel homme au nombre de ses enfans, M. de Lalot a été en butte a tous les traits de la haine et de la perfidie. Tous les moyens coercitifs et de séduction ont été employés; les consciences ont été torturées; tous les intérêts mis en présence, pour être satisfaits en cas de docilité, et méconnus en cas de résistance; on a fait les appels les plus péremptoires aux fonctionnaires publics, le sous-préfet d'Epernay a été destitué; les électeurs ont été circonvenus par tous les points les plus sensibles; dans des lettres au bas desquelles on lisait un nom bien connu, on est allé jusqu'à mettre en avant le nom du Roi, le nom sacré du Roi, dont M. de

Chateaubriand a reproché avec une si légitime indignation, à d'anciens ministres, de s'être servis pour faire prévaloir leurs desseins personnels, jusqu'à écrire que la volonté de l'héritier présomptif de la couronne était que les électeurs royalistes refusassent leurs voix à celui qui, dans les temps les plus difficiles, au 13 vendémiaire comme en 1821, a défendu de son épée et par son éloquence les droits de la légitimité et les vrais intérêts publics.

On a fait courir le bruit d'une alliance de M. de Lalot avec le parti opposé, alliance qui, si l'honorable candidat l'eût acceptée, lui aurait donné la majorité, ainsi que l'atteste le résultat du scrutin. Ils le savaient bien, ses cauteleux adversaires ; ils le savaient ; mais ils ont menti, parce que le mensonge, l'injustice et l'astuce, étaient les seuls moyens par lesquels il leur fût permis d'attaquer victorieusement l'homme du monde à qui ces armes de la déloyauté sont le plus étrangères. On a écrit dans un journal, et les faits n'ont pas été démentis comme ils devaient l'être : « Il est de « notoriété qu'un personnage influent a dé- « claré assez publiquement, et a même écrit « dans les divers arrondissemens, qu'il avait « les pouvoirs les plus étendus et les instruc-

« tions les plus positives du *gouvernement* « (lisez du *ministère*) pour empêcher la no- « mination de M. de Lalot. Il ajouta même « qu'il était autorisé à faire *tous les sacrifices* « *possibles* pour lui ôter des voix, et qu'il avait « de plus l'ordre exprès de favoriser la nomi- « nation de deux candidats libéraux, plutôt « que de courir la chance de voir passer M. de « Lalot, si l'on en venait à un ballotage (1). »

Nous ignorons quelle est la personne qui a été nommée à la place de M. de Lalot; mais quelque estimable qu'elle puisse être, nous craignons qu'elle ne balance que difficilement les regrets que le département de la Marne doit avoir d'être privé d'un député, la gloire de son pays, et le plus beau présent qu'il pût faire à la Chambre élective, d'un homme dont la vertueuse éloquence aurait si puissamment concouru au bien général. Quant à la position personnelle de M. de Lalot, bien loin d'avoir perdu, elle a gagné au milieu de ces manœuvres coupables, dont la pressante et peut-être la dispendieuse insistance prouve la peur qu'on avait de son retour sur ces bancs d'où partent *les foudres de l'accusation qui éclatent sur*

---

(1) Voir *le Constitutionnel* du 23 mars 1824.

*la tête des ministres*, et où le souvenir de ses brillans et glorieux exploits dans la lice parlementaire domine sur l'assemblée pour rappeler un noble courage et une victoire éclatante : Achille n'est plus dans la Chambre pour aider ses généreux amis à combattre et à vaincre ; mais la Chambre est toute pleine de l'absence d'Achille.

## CHAPITRE XXII.

Discours du Roi. Conclusion.

Au moment où nous tracions les dernières lignes de cet appel au gouvernement contre un ministère qui nous paraît avoir méconnu ses devoirs les plus essentiels, la session s'ouvrait à la voix du monarque. Le discours du Roi, que nous avons sous les yeux, nous apprend que les ministres n'ont point changé leurs desseins, et que leur politique est toujours la même.

Il est toujours grandement question de la septennalité, et déjà le projet de loi du remboursement du capital des cinq pour cent, ou de la réduction de la rente, a été présenté par M. le ministre des finances. En revanche, la question de l'Amérique espagnole est laissée dans le vague le plus désolant, et l'on ne parle même pas de nos colonies. Quant au complément nécessaire de nos institutions, on a l'air même de ne pas s'en douter. Les indications que nous avons offertes au gouvernement dans le cours de cet écrit, sont en conséquence dans toute leur force, et il ne reste plus aux Chambres, qui ont le droit d'accuser et de juger les ministres, que les moyens imposans de cette accusation et de ce jugement, pour les arrêter au milieu de leurs envahissemens et dans l'abandon calculé de l'intérêt public, qui forme le caractère distinctif de leur conduite.

Une phrase sortie de la bouche du Roi semblait se prêter à quelques explications, un peu tirées à la vérité, favorables aux familles violemment dépouillées de leurs biens par des actes révolutionnaires, en punition de leur dévoûment à la légitimité du trône. La Chambre des pairs, et surtout la Chambre des députés, dans leurs adresses, avaient parlé d'une manière plus positive sur la justice prête, en s'exerçant au profit de la fidélité malheureuse, à effacer les dernières traces de nos dissensions civiles. M. le ministre des finances a pris le soin de prouver aux Chambres et à l'opinion qu'elles s'étaient trompées à cet égard, et voici comment :

Dans l'exposé des motifs du projet de loi sur la réduction de la rente, le ministre, après avoir essayé de prouver la régularité de la réduction proposée, même en ce qui touche à ces malheureux rentiers, déjà réduits au tiers dérisoirement appelé *consolidé*, s'exprime ainsi relativement à d'autres réparations commandées par le besoin de rasseoir la propriété sur la base inébranlable de la justice : « Je quitte avec satisfaction, dit-il, cette par-« tie pénible de la tâche qui m'est imposée, « après vous avoir démontré, je l'espère, d'une « part, l'impossibilité de réparer tous les maux « faits dans un temps heureusement différent « de celui dans lequel nous avons le bonheur « de vivre, et, de l'autre, la nécessité de ré-« server nos *ressources réparatrices* pour « ceux de ces maux particuliers passés, qui « sont encore un mal général présent. » Dans un autre passage, M. le ministre des finances annonce que la mesure proposée, qui augmente le capital de notre dette de près d'un milliard, procurera une réduction de 28 ou 30 millions sur les dépenses générales de l'Etat.

Il semble, d'après cela, qu'il n'y a plus qu'à distribuer aux familles frappées par les actes révolutionnaires sur la confiscation, les 28 ou 30 millions de cette réduction annuelle. Mais patience, et vous verrez que la nécessité d'attribuer des bénéfices aux prêteurs, renvoie la jouissance de cette réduction pour l'Etat au 1er janvier 1826; en sorte que nous apprenons ici deux choses fort essentielles : la première, que, sans comprendre ce qu'ils pourront gagner par le poids immense que leur union portera à leur profit dans l'agiotage des futurs trois pour cent, ceux qui avanceront ou qui auront l'air d'avancer l'argent nécessaire aux besoins, probablement peu considérables de l'opération projetée, jouiront d'un bénéfice personnel de 56 à 60 millions; en second lieu, que la restitution due aux familles dépossédées par les confiscations révolutionnaires est renvoyée à l'année 1826, ce qui ressemble beaucoup à l'une de ces nombreuses mystifications dont *la fidélité malheureuse* est dupe depuis trois ans.

Bien plus, il y a dans cette manière de M. le ministre des finances à représenter l'intérêt des rentiers précédemment réduits au tiers, comme devant s'effacer devant l'intérêt des familles révolutionnairement dépossédées, une sorte de provocation à des ressentimens de la part de ces malheureux rentiers à l'égard des familles privées de leurs biens, plus malheureuses cependant que les rentiers, puisqu'elles auront à éprouver tous les désagrémens qu'entraîne l'annonce proclamée d'un acte de réparation, dont tout donne la certitude qu'on a voulu faire une promesse attrayante et jamais une réalité.

Il est bien démontré que les ministres dont nous venons de signaler à grands traits les torts graves, persistent dans leur conduite répréhensible et faite pour attirer la plus sérieuse attention des Chambres.

Il est démontré qu'ils suivent toujours, avec la même persévérance, le système tout personnel de leurs petites ambitions privées, au préjudice des intérêts les plus sacrés de la chose publique, qui réclament vainement d'être pris en considération; il est démontré que marchant sur les traces de leurs prédécesseurs, et poursuivant sans hésiter l'exécution de leurs propres desseins, ils donnent chaque jour une nouvelle preuve de l'intérêt qu'ils mettent à diviser les partis pour régner sur leurs divisions; à laisser incomplètes des institutions dont l'abri tutélaire nous défendrait de toutes les usurpations; à repousser tous les principes et tous les hommes généreux qui pourraient opposer une utile résistance à l'action de leur despotisme; il est enfin démontré que si nous n'y prenons garde, ou que quelqu'un de ces évènemens qui ont souvent la puissance de déjouer les projets les mieux conçus et les mieux exécutés ne vienne à notre secours, dans peu le despotisme ministériel, perfectionné par l'expérience et caché sous les formes de la liberté, pesera plus fort que jamais sur notre malheureux pays; ou bien l'indifférence des uns, provoquée par l'étouffement systématique de toutes les pensées d'honneur et de devoûment, laissera au moindre conspirateur, secondé par le plus léger incident, un triomphe assuré sur un trône qu'on aura isolé au milieu d'une nation qui ne demande qu'à l'entourer de son amour, et sur des institutions qui n'ont déjà plus que l'apparence de la vie.

C'est une erreur de croire, et souvent il pourrait y avoir crime à soutenir que les délits politiques soient plus excusables que les délits civils; il y a entre ce qui attaque les particuliers et ce qui attaque la patrie, la différence qui existe entre le meurtre et le parricide.

Il ne serait pas moins criminel de ménager des ministres qui feraient le mal, par cette habitude que l'on a d'adorer la puissance et l'éclat d'une fortune qui peut-être ne serait qu'un tort de plus. « Qu'importe, a dit l'auteur des

« *Caractères*, qu'importe qu'Ergaste soit riche, qu'il ait des chiens qui arrêtent bien, « qu'il crée des modes sur les équipages et sur « les habits, qu'il abonde en superfluités ; où « il s'agit de l'intérêt et des commodités de « tout le public, le particulier est-il compté? « La consolation des peuples dans les choses « qui leur pèsent un peu, est de savoir qu'ils « soulagent le prince ou qu'ils n'enrichissent « que lui ; ils ne se croient pas redevables à « Ergaste de l'embellissement de sa fortune. »

Mais on dira : Si les ministres actuels sont forcés d'abandonner le timon des affaires, qui mettra-t-on à leur place ? Eh ! mon Dieu, messieurs, soyez en repos là-dessus ; si la France manque jamais de quelque chose, ce ne sera pas de ministres ; la matière ministérielle sera toujours assez abondante dans ce bienheureux pays, où depuis dix ans nous avons eu successivement on ne sait combien de grands hommes d'Etat, qui tous ont sauvé la France, et que toujours nous avons eu le bonheur de voir remplacer par de plus grands hommes qu'eux. En parlant d'une manière plus grave, comment pourrait-on concevoir sérieusement la pensée que dans un pays où nous avons de grandes injustices à réparer dans la personne de MM. de Vaublanc, de Montmorency, de Bellune, d'Herbouville, où l'on compte des notabilités telles qu'un la Bourdonnaye, un de Lalot, un Clausel de Coussergues, et une foule d'autres hommes recommandables par leurs talens et par leur vertu, il soit impossible de rencontrer de quoi former un choix d'hommes dignes et capables tout à la fois de remplacer un ministère qui n'a su faire la guerre ni la paix, qui a fait perdre au trésor les sommes les plus considérables, et n'a su que déprécier les bonnes choses et les gens de cœur, marchant en tout sur les pas égarés des précédens ministères, tombés les uns sur les autres au milieu des huées de l'opinion (1)?

« N'est-on pas toujours tenté de supposer « des talens supérieurs, a dit M. de Chateau-« briand, à l'homme qui joue un rôle extraor-« dinaire? Souvent cet homme est moins que « rien. La gloire a ses méprises comme la « vertu : il y a des temps surtout où la fortune

---

(1) Nous nous proposons de publier l'histoire de tous ces ministères si importans et si vite oubliés, dans un écrit ayant pour titre : *De M. Decazes et de M. de Villèle; histoire complète du système ministériel, depuis la seconde restauration.* On peut prévoir d'avance tout l'intérêt de cette publication.

« célèbre ses fêtes, espèces de saturnales où « l'esclave s'assied sur le trône du roi. Quand « on vient à regarder de près les hommes qui « conduisent le monde dans ces temps de dé- « lire, on demeure plus étonné de leur néant « qu'on n'était surpris de leur existence; on « est frappé du peu de talent qu'il faut pour « décider du sort des empires, et l'on recon- « naît qu'il y a dans les affaires humaines quel- « que chose de fatal et de secret qu'on ne sau- « rait expliquer (1). » Nous avons essayé, nous, d'expliquer ce quelque chose de fatal et de secret qui domine dans nos affaires publiques, depuis que nous avons des ministres inviolables de fait, quoique responsables de droit. Que les ministres soient ce qu'ils doivent être, responsables de fait et de droit, jamais inviolables; qu'un grand exemple de sévérité soit enfin donné par les accusateurs et les juges constitutionnels des ministres, dont les droits d'accusation et de jugement non contestés peuvent être exercés par des formes analogues à d'autres jugemens, et nous aurons d'autres ministres qui sentiront enfin le besoin de marcher franchement avec l'opinion, de

(1) *Réflexions politiques.* — *Mélanges politiques*, p. 226.

s'occuper de l'intérêt général, si long-temps méprisé, et qui mettront en pratique la théorie de M. le ministre des affaires étrangères : « Bonne foi et talent, voilà ce qu'il faut pour « nous conduire (1). »

Que les membres des deux Chambres qui auront l'intention d'obtenir un résultat en politique, veulent bien nous permettre une observation essentielle. Si jusqu'ici les plus beaux talens et les plus nobles caractères ont échoué dans les plus généreux desseins, c'est qu'on n'avait pas de plan déterminé à opposer au système, bon ou mauvais, de ses adversaires. Que les hommes les plus influens et les plus éclairés, tant au dedans qu'au dehors des Chambres, se voient, pour se concerter la veille sur les opérations du lendemain ; que chacun reçoive une tâche proportionnée à sa force et à ses habitudes ; surtout qu'on reconnaisse un chef, et la victoire restera bien certainement à l'esprit et à la vertu.

Qu'on se garde bien de se classer comme un parti, et d'accepter aucune de ces perfides dénominations qui ont le déplorable privilége de faire, pendant quelque temps, une funeste il-

---

(1) *Du Système politique suivi par le ministère*, page 49.

lusion au sujet des hommes. Que les fidèles serviteurs du Roi, indépendans par leur caractère et forts de leurs actions et de leurs principes, reprennent exclusivement cette noble qualification de royaliste, que d'autres en vain prétendraient s'arroger. Tant que certains hommes qui se disent, et qui peut-être se croient royalistes, se tiendront à la suite d'un ministère qui repousse les royalistes, ces hommes-là ne seront que des ministériels. Il importe de le rappeler encore, et toujours, le ministère n'est pas le gouvernement, et on peut fort bien être ami, serviteur exclusivement dévoué du gouvernement, sans être ami d'un ministère dont les principes seraient contraires à l'esprit et aux nécessités de ce même gouvernement. Qu'il nous soit permis de rappeler ici la profession de foi que nous avons publiée la veille des dernières élections, et à laquelle nous n'avons rien à changer (1) :

« Les amis du gouvernement sont les amis du Roi et des institutions qu'il a données à son peuple : ministériels, si l'administration est dirigée dans le sens du gouvernement; oppo-

(1) Tout ce qui suit, guillemeté, est extrait de l'*Avis aux électeurs, par un véritable indépendant.*

sés à tout ministère pour qui l'intérêt du gouvernement ne serait qu'un masque imposant dont il essaierait de couvrir ses usurpations.

« Aux garanties incontestables que le gouvernement offre par sa nature, viennent se joindre les gages de sécurité que donnent le caractère du Roi, en qui repose la force de la légitimité, et les éclatantes et nobles vertus des Princes, en qui réside sa perpétuité.

« Dépouillant cette auguste race de l'illustration qu'elle emprunte de son antique origine et de ses droits héréditaires, sauve-garde perpétuelle de la prospérité publique, ne considérons, pour un moment, les Bourbons que sous le rapport du mérite personnel, et demandons-nous si nous connaissons de famille qui vaille mieux que la famille de nos Rois; s'il en est où, chez tous les membres, l'on trouve la même grandeur d'âme dans la mauvaise fortune, la même générosité dans la prospérité; si enfin, rejetée dans la classe des familles ordinaires, elle ne serait pas encore la plus honnête et la plus vénérable famille de France; si la couronne devenant, par mode d'élection, le prix de la vertu, ce n'est pas encore les Bourbons que nous placerions sur le trône? Supposez une famille où l'on aurait égorgé le père, la sœur, le fils, le frère, le neveu, qui aurait eu à subir des outrages sans fin, à souffrir des tortures inouïes jusqu'à elle, pouvez-vous, nous le demandons, supposer aussi la même magnanimité dans les souffrances, la même abnégation de soi au jour du triomphe, qu'en ont montré les Bourbons dans toutes les circonstances de leur vie?

« Mais cette même famille qui serait la première de France dans l'ordre civil, en est la plus auguste et la plus bienfaisante dans l'ordre politique.

« Parlerons-nous de ce Roi, l'homme le plus spirituel et la tête la plus fortement organisée de son royaume? de ce Prince magnanime, dont l'âme généreuse est mue des plus beaux sentimens, et qui, premier sujet du Roi, se montre si bien animé de son esprit, suivant en toutes choses sa royale et paternelle direction? de ces Princesses, modèles de courage dans les calamités qui les ont frappées, et de charité dans les malheurs qui affligent les autres? de ces précieux enfans, généreux rejetons d'une tige arrachée par le poignard de l'assassin, et que les plus touchantes leçons, comme les plus nobles exemples, consacrent au bonheur de notre postérité? de ce héros-

du Midi, grand capitaine et valeureux guerrier, dont les combinaisons savantes et le noble courage ont rouvert à nos intrépides soldats le chemin de la gloire, et reconquis notre indépendance nationale?...... Partout nous rencontrerons ou de glorieuses actions ou de généreuses pensées; partout nous découvrirons le germe fécond des prospérités de la France..

« Malgré les fautes d'administration successives, par la force naturelle de son influence régénératrice, le gouvernement, c'est-à-dire le Roi légitime, agissant dans l'ordre constitutionnel, est parvenu à cicatriser les plaies qu'avaient faites à la France les suites désastreuses d'une invasion étrangère et des crimes ébauchés pendant les cent-jours par les factions mises en présence.

« Nous n'avions point de crédit : il nous en a donné un, avec lequel il nous est possible de nous livrer à tout ce que pourra inspirer le bien de la patrie. Nous n'avions point d'armée : la victoire vient de nous en rendre une aux pieds des colonnes d'Hercule. Nous avons de l'or pour accroître notre prospérité, et des armes pour la mettre à couvert de toute insulte. L'épée d'un digne petit-fils d'Henri IV a jeté dans la balance de l'Europe un poids tel, qu'il nous est enfin permis de paraître, parmi les nations, dans un rang élevé qui ne le cède à aucun autre rang. Appréciés pour nos richesses, estimés pour notre valeur, admirés pour notre générosité, chéris pour notre justice, nous pouvons prétendre, dans nos relations diplomatiques comme dans nos rapports commerciaux, à des résultats que le plus heureux des usurpateurs, au plus haut point de sa puissance, n'a et n'aurait pu jamais obtenir pour nous ; résultats merveilleux qui doivent porter au degré le plus utile de développement, la précieuse surabondance de notre sol et les produits féconds de notre industrie. »

C'est autour de ce gouvernement, source de tant de biens ; c'est au pied de ce trône, garant perpétuel des institutions conservatrices et tutélaires des droits légitimes des sujets, que nous appelons tous les Français à se réunir ; c'est là que toutes les prétentions doivent se confondre, que toutes les haines doivent s'éteindre, que la révolution enfin doit venir expirer avec l'usurpation ministérielle, le dernier de ses œuvres.

Quand les ministres ne savent plus comment

se défendre des attaques des royalistes, ils s'avisent de leur reprocher d'être de l'opposition, comme si les plus influens d'entre eux n'étaient pas de notre même opposition lorsqu'ils professaient dans nos rangs les principes auxquels nous sommes restés fidèles; comme si les royalistes aujourd'hui ne pouvaient pas répéter avec autant de raison que M. de Chateaubriand dans un temps regretté : « Les royalistes sentent très-bien qu'ils sont nombreux et qu'ils « valent au moins ceux qui les outragent. Ils « gémissent d'être dans une opposition contre « nature; mais la faute en est à ceux qui les « ont repoussés. Ils regrettent les amis qu'ils « peuvent laisser dans les rangs de leurs adversaires, mais ils sont forcés d'obéir à leur « conscience (1). »

Les ministres ont également l'air de reprocher aux royalistes de faire alliance avec les libéraux. Les royalistes ne reconnaissent d'autres alliés que ceux qu'ils trouvent sur le chemin des mêmes principes : nous avons admis et nous admettrons toujours parmi nous les hommes sortis des rangs appelés libéraux, qui voudront défendre avec nous l'ordre, la justice et

(1) *Conservateur*, I^re livraison, page 44.

la liberté ; et vous, ministres du Roi, que faites-vous ? vous semblez encourager *les libéraux de toutes les couleurs* dans leurs projets sinistres, en les choyant de préférence dans des places d'où sont exclues à dessein des notabilités rassurantes pour le gouvernement, mais dont la présence investigatrice dérangerait plus d'une combinaison coupable : nous admettons les libéraux comme auxiliaires de nos principes ; on dirait que vous êtes les complices de leurs œuvres.

« Grâces à Dieu (c'est encore M. de Cha-
« teaubriand qui parle), grâces à Dieu, la que-
« relle des hommes tire à sa fin ENTRE TOUT CE
« QUI NE VEUT PAS LE DESPOTISME MINISTÉRIEL ;
« les bons esprits sentent la nécessité de se
« fixer dans des principes qui n'aient pas la
« mobilité des passions (1). » Ainsi parlait M. le ministre des affaires étrangères en 1817 ; que pouvons-nous dire de mieux en 1824 ?

Notre pénible tâche est à sa fin. Il a fallu toute la considération des devoirs les plus impérieux pour nous obliger à l'entreprendre. Frappé de l'apathie dans laquelle la lassitude du combat a plongé les meilleurs esprits, nous

---

(1) *Du Système politique suivi par le ministère*, page 49.

avons cru qu'il fallait les réveiller en leur offrant le tableau des fautes du ministère et des torts nombreux dont il s'est rendu coupable ; qu'il fallait signaler le danger de notre position avec des ministres qui n'ont su qu'imiter le mal, et ont cessé d'être eux-mêmes. Par ce que nous faisons aujourd'hui, nous nous sentons engagés à combattre sans relâche, jusqu'à ce que la victoire reste à la justice et à la vérité. Enfin, en invoquant cette justice avec bonne foi, en disant cette vérité sans détour, nous avons l'espoir de nous faire écouter : « Si donc « en écrivant nous pouvons faire un peu de « bien, notre conscience nous ordonne encore « d'écrire (1). »

(1) Préface de *la Monarchie selon la Charte*, page ij.

FIN.

# TABLE

## DES CHAPITRES

CONTENUS DANS CET OUVRAGE.

---

FIN DE LA TABLE DES CHAPITRES.

www.ingramcontent.com/pod-product-compliance
Ingram Content Group UK Ltd.
Pitfield, Milton Keynes, MK11 3LW, UK
UKHW020206250726
13967UKWH00003B/1297